日本ワークルール検定協会 編

道幸哲也（北海道大学名誉教授）
加藤智章（北海道大学特任教授）
開本英幸（弁護士）
淺野高宏（弁護士・北海学園大学教授）
國武英生（小樽商科大学教授）
平賀律男（開本法律事務所・パラリーガル）
上田絵理（弁護士）

ワークルール検定

検定

［2021年版］

問題集

旬報社

はじめに

ワークルール検定の開催

　2013年6月、「NPO法人・職場の権利教育ネットワーク」が中心となり、わが国で初めてのワークルール検定（初級のプレ検定）が札幌で開催されました。翌年の春には中級検定も開催され、以後、毎年、6月には初級検定と中級検定を、11月23日の勤労感謝の日には初級検定を実施しています。14年10月には検定の全国展開をめざして「一般社団法人日本ワークルール検定協会」が設立され、厚生労働省、日本生産性本部、開催自治体の労働局、労働委員会、経営者団体などの後援も得て、ワークルール検定は着実に広がってきています。

　初級検定は20年秋までに47都道府県で、中級検定は北海道・東京・静岡・愛知・大阪・福岡・沖縄で実施されました。初級検定は、出題20問のうち7割以上の正解を合格とし、これまで11041名が受検し、その69%が合格しています。中級検定は、出題30問のうちほぼ7割以上の正解を合格とし、これまで1640名が受検し、その63%が合格しています。

　日本ワークルール検定協会は、「検定」を実施するだけでなく、ワークルールの普及啓発事業、ワークルールに関する調査研究事業、ワークルール教育の担い手の研修教育事業を行なうことをその目的としています。

ワークルールを身につけよう

　「ワークルール」とは、働くときに必要な法律や決まりのことです。

　長時間労働、ブラック企業、パワハラなど、職場でワークルールが守られない場面が多くなってきています。グローバル化による企業間競争

の激化や労働法の規制緩和、働き方の多様化などが進行しているにもかかわらず、労働者にも使用者にもワークルールの知識が乏しいためです。

　その原因としては、ワークルールを知る機会がないことがあげられます。高校や大学で適切な教育がなされず、また、職場でもワークルールについて話し合ったり、相談する機会もあまりないからです。

　このような状況のなかで、ワークルールを知りたいというニーズは確実に高まっています。自分や仲間を守るために、ワークルールの基礎知識はとても役に立ちます。また、企業にとっても、コンプライアンスを実現し、働きやすい職場環境をつくるためにワークルールの知識は欠かせません。そのような知識の獲得を応援・支援するのが、「ワークルール検定」です。

「ワークルール検定」5つの特徴

①いつでも誰でもチャレンジできる：正社員はもちろん、学生、パート、アルバイト、派遣社員、そして管理職など、誰でも受検できる自由な検定制度です。

②自分の知識レベルを客観的に評価できる：一人で学習するだけでなく、検定を受けることで知識の程度や欠点もわかり、自分なりの目標設定ができます。

③知識レベルを効果的に深められる：初級から中級への進級、また、講習会を受講することで、知識を効果的に得ることができ、さらに知識レベルを深めることができます。

④職場や家庭で気楽に話題にできる：働くときに必要ですぐに役立つさまざまな問題を取り上げるので、堅苦しくならずに、職場や家庭で気軽に話題にできます。

⑤資格と連動できる：知識や能力を客観化・外部化する検定は、組合や企業、社会の資格と連動させることができます。

「ワークルール検定」4つのメリット

①働く者一人ひとりにとって：自分を守り、働きやすい職場を実現する
　ために実際に役立つ法律知識を身につけることができます。

②労働組合にとって：効果的なワークルール教育が可能となり、職場の
　問題点も見えてくるので、組織化の契機としたり、要求を結集しやす
　くなります。

③企業にとって：社員が共通の法的知識をもつことによって、コンプラ
　イアンスを促進し、無用な紛争を回避することができ、事業を円滑に
　進めることができます。

④社会にとって：ワークルールが社会全体に浸透すれば、過剰なサービ
　スや低価格などを追求するのではなく、働く者の立場も尊重する社会
　や文化の構築にプラスとなります。

本書の特徴と活用の仕方

　本書は、ワークルール検定を受検するための事前学習用の問題集とし
て作成しました。ワークルールに関する基本的な問題と過去の検定で実
際に出題された問題を集め、各問題について正解と解説をのせています。
過去の問題については正答率も示しています。問題傾向と難易度、とり
わけ初級と中級のレベルの違いがわかると思います。

　また、ワークルールを学ぶテキストとしては、日本ワークルール検定
協会が編集した初級者向けの『ワークルール検定初級テキスト（第3版）』
（旬報社）、中級者向けの『ワークルール検定中級テキスト（第4版）』（旬報
社）が刊行されていますので、併せて読むことをお薦めします。

　本書の使い方としては、問題集なので自習に適しています。同時に、
ワークルールを適切に理解するためにはそれに関する知識だけではなく、
労使紛争の実際やワークルールの基礎となる考え方、ルール相互の関連
も学習することが必要です。そのためには、この問題集を素材に仲間や

友人、家族で話し合うことが有用だと思います。法的な世界は、議論を通じて納得する・納得させることが重要だからです。

　本書を通じて、ワークルールの知識を得るだけではなく、働くことについての論議が活発になることを期待しています。

［道幸哲也］

目次

初級問題

I 一般的知識

II 労働契約

III 労働条件

IV 雇用終了

V 労働組合

中級問題

1 労働法総論

本書で使われる法令等の略称

憲法	日本国憲法
労基法	労働基準法
労基附則	労働基準法附則
労契法	労働契約法
労組法	労働組合法
労調法	労働関係調整法
安衛法	労働安全衛生法
男女雇用機会 均等法／均等法	雇用の分野における男女の均等な機会 及び待遇の確保等に関する法律
最賃法	最低賃金法
育介法	育児・介護休業法
雇保法	雇用保険法
労災法	労働者災害補償保険法
労保徴法	労働保険料徴収法
健保法	健康保険法
厚年法	厚生年金保険法
介保法	介護保険法
基発	厚労省労働基準局長が発する通達

過去問について

問題文の末尾に【正解率○％】と示してある問題は、2020年までに実施した初級検定、中級検定において出題された問題です。なお、過去問の一部は、より題意が分かりやすいように改訂しています。

初級問題

なぜ「ワークルール」教育か

　「労働法」教育ではなくなぜ「ワークルール」教育なのでしょうか。その理由は、このテーマに取り組む実践的意義の違いに由来します。労働法学は、職場や労働をめぐる法がどのような規制をしているかを理論的に解明することを目的とし、労働法教育もこの理論面を教育することを主な目的としています。条文や判例法理の「実務的な」学び・教育と言えます。それに対し、ワークルールを学ぶことは職場において働く主体が自らの権利を実現するという実践的目的をもち、教育はそのためのものになります。具体的には次の点に留意しています。

　その1として、学ぶ対象は、働くことに関連するあらゆる事象に及び、子育てや自分の病気を抱えながらで働き続けるためのルールなど、労働法以外の社会保障法に関連する事項も対象となります。

　その2として、教育内容は働く際に知っておくべき法的な知識・考え方なのであらゆる働く人を対象にします。だれもが理解しやすいわかりやすい表現、概念で説明する必要があります。基本的には学校教育（中学校・高等学校）で行うことが想定されます。

　その3として、個々の主体がどうしたら実際に権利主張ができるかに配慮します。そのためには、法的なルールの特徴や労働法の全体像の知識が必要であり、それをふまえて「具体的紛争の解決」に着目します。具体的には、①問題の認識・発見、②関連する法的ルールの把握、③権利実現の手立て、についての検討が必要になります。

　その4として、具体的紛争をめぐる以上の検討は、主に対立構造での議論を通じて行います。この議論を通じて、なにが問題か、どのような利害が対立しているか、どのようにそれを調整・解決するかを学びます。重要なのは、労使紛争の解決とは何か、解決の意味、さらに法的なレベルの限界についてまで配慮することです。ここでは、実際に働く主体としての市民的感覚が重要視されます。

　その5として、権利実現の観点から既存の判例法理（実務）に対する批判的な視点を身につけることも目的とします。これは、労働法制に対する社会的な評価・改正運動の基盤となります。　　　　　　［道幸哲也］

一般的知識

パワー・ハラスメント

　パワー・ハラスメント（パワハラ）という用語は、日本人が作った和製英語です。パワハラは、労働者の尊厳や人格を傷つける行為であるとともに、職場全体の環境にも悪影響をおよぼします。裁判では、加害者だけでなく、会社も使用者としての責任を問われることになります。

　「個別労働紛争解決制度」に持ち込まれた2018年の労働相談のうち、「いじめ・嫌がらせ」の件数は82,797件で、相談全体の約4分の1（25.6％）を占めています。「いじめ・嫌がらせ」の相談が最も多くなっています。また、厚生労働省が2017年に公表した調査では、32.5％の従業員が「過去3年間にパワハラを受けたことがある」と回答しています。2012年の実態調査では、同様の調査項目が25.3％でしたので、過去3年間にパワハラを受けたことがあるという割合がさらに増えている結果となっています。

　こうした状況を受けて、2019年5月に改正労働施策総合推進法が成立しました。同法は、職場におけるパワハラ防止のために、雇用管理上必要な措置を講じることを事業主の義務としました。適切な措置を講じていない場合には是正指導の対象となります。

　職場におけるパワハラとは、①優越的な関係を背景としており、②業務上必要かつ相当な範囲を超えた言動により、③就業環境を害することであり、この3つの要素すべてを満たすものです。

　パワハラの行為態様については、①身体的な攻撃、②精神的な攻撃、③人間関係からの切り離し、④過大な要求、⑤過小な要求、⑥個の侵害の6つに分類しています。不必要に叱責したり、いじめや屈辱的な取り扱いをしたりすることは、被害者の人格権を損なうものとして違法と評価されます。「業務上の適正な範囲」であればパワハラとはいえませんが、厳しい教育指導なのか、上司の暴言なのか、その線引きが難しいケースもあります。境界線を一概にはっきりとできないのが、パワハラ問題の難しいところです。

　厚生労働省の実態調査などによると、パワハラの相談があった職場には、「上司と部下のコミュニケーションが少ない」という共通の特徴があることが指摘されています。企業全体でハラスメント対策に取り組むとともに、職場の風通しをよくし、職場内でコミュニケーションが適切になされることが重要です。こうした職場の文化をつくることが、ハラスメントの予防につながるといえるでしょう。

（國武英生）

Q1 労働基本権について、正しい組み合わせをひとつ選びなさい。

【正解率86%】

1　生存権・団結権・団体交渉権
2　団結権・団体交渉権・団体行動権
3　生存権・自己決定権・団体交渉権
4　生存権・団体交渉権・団体行動権

Q2 労働者保護の基本的な法律である労働三法について、正しい組み合わせをひとつ選びなさい。

1　労働基準法・労働契約法・労働組合法
2　労働基準法・労働組合法・労働関係調整法
3　労働契約法・労働組合法・労働安全衛生法
4　労働契約法・労働安全衛生法・労働関係調整法

Q3 次のうち、労基法が適用される「労働者」をすべて選びなさい。

1　正社員　　　　　　　　2　パートタイマー
3　アルバイト　　　　　　4　派遣労働者

A1　正解は2

　憲法28条が定める団結権、団体交渉権、団体行動権の労働三権が労働基本権といわれるもので、それによって労働者の働く具体的な条件を使用者と労働組合との対等な交渉で決定させることにしました。同時に、憲法27条において、「働く権利」それ自体を勤労（労働）権として保障し（1項）、賃金や労働時間といった労働条件の基準を法律で定めることとしました（2項）。そして、憲法28条に基づいて労働組合法と労働関係調整法が、憲法27条2項に基づいて労働基準法が制定され、これら3つの法律を端緒に現在の労働法が形成されました。

A2　正解は2

　労働三法とは、労働基本権を保護するために、戦後すぐに設けられた「労働基準法・労働組合法・労働関係調整法」のことを指し、これらは現在の労働法の根幹となっています。

　労働契約法は、2008年に施行された法律で、労働契約の締結・終了や労働条件の決定・変更、就業規則などについてのルールや手続を定めている重要なものです。また、労働安全衛生法は、1972年に労基法から分離して制定された、労働者の安全・健康の確保や、職場環境の向上を目的とした法律です。

A3　正解は1〜4すべて

　労基法9条は、「職業の種類を問わず、事業又は事務所……に使用される者で、賃金を支払われる者」を「労働者」としています。職種や雇用形態、会社での地位・名称、労働時間の長さなどは無関係なので、正社員だけでなく、パート・アルバイトや期間工、契約社員、派遣労働者などの「非正規労働者」も労働者です。また、契約形式も問題とならないので、「請負」や「委任」の形式で労務を提供するいわゆる「個人請負」も、実態からすると労基法上の「労働者」とみなされます。

Q4 憲法28条が労働者に保障する争議権（団体行動権）について、次のうち、労働者による争議行為ではないものをひとつ選びなさい。

1	サボタージュ	2	ロックアウト
3	ストライキ	4	ピケッティング

Q5 日本的労使関係の特徴について、正しい組み合わせをひとつ選びなさい。

1 年功序列型賃金・有期雇用制・産業別組合

2 年俸制賃金・終身雇用制・企業別組合

3 年功序列型賃金・終身雇用制・企業別組合

4 年俸制賃金・有期雇用制・産業別組合

Q6 次のうち、「会社が定めた一定の時間帯の中で、労働者が始業および終業の時刻を決定することができる変形労働時間制」の名称として正しいものをひとつ選びなさい。

1	パートタイム制	2	コアタイム制
3	ジャストインタイム制	4	フレックスタイム制

Q7 次のうち、「企業に雇用された者は必ず労働組合に加入することを条件とする労使間の協定」の名称として正しいものをひとつ選びなさい。

1	オープン・ショップ	2	ユニオン・ショップ
3	エージェンシー・ショップ	4	クローズド・ショップ

A4　正解は2

　ロックアウト（作業所閉鎖）は、使用者が、工場・事業所を閉鎖して労働者と生産手段を遮断し、労働者の就労を集団的に拒否することです。
　サボタージュ（怠業）は、労働者が組合の統制のもと、使用者の指揮命令には従いながら、作業能率を下げるなどして、不完全な労務を提供する戦術、ストライキ（同盟罷業）は、組合の統制のもと、一定数の労働者が同時に労務を停止するという代表的な争議手段、ピケッティングは、ストライキ中に、スト破りを監視したり、顧客への協力呼びかけを行なうことです。争議行為としては、この他に、職場占拠、ボイコット（不買運動）があります。

A5　正解は3

　近年は経済のグローバルのなかで、非正規雇用の増加や年功序列型賃金の成果主義賃金化など、日本的労使関係も大きく変化してきています。

A6　正解は4

　フレックスタイム制（労基法32条の3）は、1日の労働時間を固定的に定めず、3か月以内の一定の期間の総労働時間を定め、労働者はその範囲で各労働日の労働時間を自分で決めて働くという制度です。

A7　正解は2

　オープン・ショップは、労働組合に加入するかしないかは従業員の資格に関係ありません。エージェンシー・ショップは、労働組合に加入するかしないかは従業員の資格に関係ないが、組合活動にかかる経費は組合費として支払います。クローズド・ショップは、企業が従業員を採用する際には特定の労働組合の組合員から採用しなければなりません。

Q8 労組法7条1項は、「労働者が労働組合に加入せず、若しくは労働組合から脱退することを雇用条件とする」契約を結ぶことを不当労働行為として禁止していますが、この契約を表現するものとして正しいものをひとつ選びなさい。

1	白犬契約	2	赤犬契約
3	黒犬契約	4	黄犬契約

Q9 次の労働条件等のうち、男女雇用機会均等法において、労働者の性別を理由とする差別的取扱いが禁止されているものをすべて選びなさい。

1	教育訓練	2	昇進・昇格
3	住宅資金の貸付	4	定年・解雇

Q10 次のうち、世界の労働者の労働条件の向上と生活水準の改善を目的とする国連の機関である「国際労働機関」の略称として正しいものをひとつ選びなさい。

1 IMF　　2 WHO　　3 ILO　　4 TPP

Q11 国際労働機関が採択する国際的な労働基準である次の国際労働条約のうち、日本が批准していないものをひとつ選びなさい。

1　結社の自由及び団結権の保護に関する条約（87号）

2　強制労働に関する条約（29号）

3　就業の最低年齢に関する条約（138号）

4　雇用及び職業についての差別待遇に関する条約（111号）

A8　正解は4

　黄犬契約（おうけんけいやく、こうけんけいやく）は英語のyellow-dog con-tractに由来します。アメリカでは黄色い縞のある犬は臆病と考えられており、労働者の団結を破り使用者の圧力に屈する形で労働契約を結ぶ行為を非難する意味が込められています。

A9　正解は1〜4すべて

　均等法6条各号は、事業主が、労働者の性別を理由として差別的取扱いをしてはならない事項として、次のとおり規定しています。
1　労働者の配置（業務の配分及び権限の付与を含む。）、昇進、降格及び教育訓練
2　住宅資金の貸付けその他これに準ずる福利厚生の措置であって厚生労働省令で定めるもの
3　労働者の職種及び雇用形態の変更
4　退職の勧奨、定年及び解雇並びに労働契約の更新

A10　正解は3

　国際労働機関（International Labour Organization）は、スイスのジュネーブに本部を置く、国連最初の専門機関です。ＩＭＦは国際通貨基金、ＷＨＯは世界保健機関、ＴＰＰは環太平洋連携協定の略称です。

A11　正解は4

　日本は、ＩＬＯの172条約（撤回・廃止を除く。）のうち46条約の批准をしていますが、ＩＬＯが特に重要と位置付ける「中核的労働基準」8条約のうち、「強制労働の廃止に関する条約（105号）」と「雇用及び職業についての差別待遇に関する条約（111号）」については、批准していません。

Q12 次のうち、日本の労働保険制度の組み合わせとして正しいものをひとつ選びなさい。

1　雇用保険・労災保険　　2　年金保険・労災保険
3　健康保険・年金保険　　4　雇用保険・健康保険

Q13 次の社会保険制度のうち、使用者が保険料の全額を負担するものをひとつ選びなさい。

1　労災保険　　2　雇用保険　　3　健康保険　　4　厚生年金保険

Q14 業績の悪化を理由とする採用内定の取消しが問題となりましたが、次の採用段階のうち、労働契約が成立する時点をひとつ選びなさい。

1　内定が通知された時点。
2　入社前の研修が始まった時点。
3　内定期間が終了して働きはじめた時点。
4　試用期間が終了して本採用された時点。

Q15 労基法上の管理監督者について、正しいものをすべて選びなさい。　【正解率74%】

1　店長の立場にある者でも、権限や裁量が乏しい場合には管理監督者にあたるとは限らない。
2　従業員の中で一番賃金が高ければ、それだけで管理監督者として扱ってよい。
3　管理監督者であっても、深夜割増賃金を支払う必要がある。
4　管理監督者になれば、年俸制が適用される。

A12 正解は1

　日本には、健康保険・年金保険・雇用保険・労災保険・介護保険の5つの社会保険があり、そのうち雇用保険と労災保険を総称して労働保険といいます。

A13 正解は1

　労災保険（労働者災害補償保険）の保険料は、使用者が全額負担することとされています。健康保険・厚生年金保険の保険料は原則として労使折半となっていますが、雇用保険は使用者の負担のほうが重くなっています。労働者に対する給付（失業等給付）に関する保険料は労使折半ですが、事業主に対する給付（各種助成金等）に関する保険料は使用者が全額負担するからです。

A14 正解は1

　内定通知後、労働者が誓約書等を提出することが必要な場合は、提出の時点で労働契約が成立します（道幸哲也『ワークルールの基礎』旬報社、参照）。

A15 正解は1、3

　管理監督者とは、「事業の種類にかかわらず監督若しくは管理の地位にある者」（労基法41条2号）で、店舗運営に関し一定の権限を持っているとしても、従業員の採用や解雇、人事考課などについて権限を持たず、企業全体の経営方針等の決定に関与せず、勤務態様も通常の従業員と同様に自由裁量がなく、給与等（月給か年俸制かなど支払形態は関係ありません）の処遇の面でも大差がない場合には、管理・監督的地位にある者とは認められません（日本マクドナルド事件・東京地判平20.1.28）。

　また、管理監督者であっても、深夜労働については割増賃金を支払わなければなりません。

Q16 次のうち、実際に働くことができなくても賃金を請求できる場合をすべて選びなさい。

1　取引先の都合で当日予定した仕事が突然なくなった場合。

2　無断欠勤や二日酔いで出勤した場合。

3　交通機関の事故で会社に行けなくなった場合。

4　職場いじめでノイローゼになり出勤できなかった場合。

Q17 次のうち、サービス残業させられたときの実働時間を証明する資料となりうるものをすべて選びなさい。

【正解率73%】

1　手帳や日記の記載　　2　家族への帰宅メール

3　パソコンのログ時間　4　タイムカード

Q18 次のうち、労基法上の原則的な時間外労働の限度時間として正しいものをすべて選びなさい。

1　1か月あたり45時間　　2　1か月あたり100時間

3　1年あたり360時間　　4　1年間あたり720時間

Q19 次のうち，月60時間以内の時間外労働・深夜労働・休日労働に対する割増賃金率の組合せとして正しいものをひとつ選びなさい。

【正解率80%】

1　時間外50％・深夜30％・休日35％

2　時間外25％・深夜30％・休日30％

3　時間外50％・深夜25％・休日30％

4　時間外25％・深夜25％・休日35％

A16　正解は1、4

　①労働者のせいで働けなかった場合、②使用者のせいで働けなかった場合、③労使どちらのせいでもない場合、で判断が分かれ、②の場合にのみ賃金請求権が発生します（道幸哲也『ワークルールの基礎』旬報社、参照）。

A17　正解は1〜4すべて

　裁判などで未払残業代を請求する際、サービス残業の時間数は労働者が証明しなければなりません。使用者には労働時間を適正に把握する義務がありますが、タイムカードなど客観的な記録を残していない会社もあります。そのような場合、とくにデスクワークの労働者であればパソコンのログ時間が在社時間の証明になりえますし、手帳や日記の記載、家族への帰宅メールなどを活用して、その都度労働時間の記録を残しておくことが重要となります。

A18　正解は1、3

　働き方改革法に基づき、2019年4月（中小企業は2020年4月）から、36協定で定めることができる時間外労働の限度時間を原則月45時間・年360時間とすることが労基法で定められました。ただし、臨時的な特別の事情が生じたときに限って、上限を月100時間・年720時間まで延長できる旨の労使合意（「特別条項」といいます。）をすることができます。

A19　正解は4

　なお、時間外労働が1か月60時間を超えた部分について、50％以上の割増率による割増賃金を支払う必要があります（労基法37条1項但書。ただし、中小企業では2023年4月から適用されます）。また、36協定の限度時間を超える時間外労働に対しては、法定の割増率を超える割増率を定めるよう努めなければなりません。

Q20 次のうち、厚生労働省が定義する完全失業者の条件を満たすものをすべて選びなさい。

1 仕事がなくて少しも仕事をしなかった。

2 働くことを希望しながらも、仕事を探す活動をしていなかった。

3 仕事があればすぐ就くことができる。

4 仕事を探す活動や事業を始める準備をしていた。

Q21 次のうち、高年齢者雇用安定法が定める高年齢者の雇用確保措置ではないものをひとつ選びなさい。

【正解率60%】

1 定年年齢の65歳までの引上げ

2 定年制の廃止

3 定年後65歳までの継続雇用制度の導入

4 70歳までの再就職支援

Q22 次のうち、2020年6月時点の労働組合の組織率に最も近いものをひとつ選びなさい。

1 10%　　　2 20%　　　3 30%　　　4 40%

A20　正解は1、3、4

　ハローワークに登録して仕事を探したり、求人広告・求人情報誌や学校・知人などへの紹介依頼など、その方法にかかわらず、仕事を探す活動をしていなければなりません。

A21　正解は4

　「人生100年時代」と言われるように、長寿を享受できる時代となっています。そこで、60歳以上の人も働くことができるよう実施されている法政策のひとつが高年齢者雇用安定法です。同法9条は、65歳までの雇用を確保するため、定年年齢を65歳未満と定めている事業主に対して、1の定年年齢の65歳までの引上げ、2の定年制の廃止、3の定年後65歳までの継続雇用制度の導入のいずれかを実施することを求めています。約3割の方が2を誤りとして選んでいましたが、正しい選択肢です。4の70歳までの再就職支援の措置は、同法に定めがないので、誤りです。

A22　正解は2

　労働組合の推定組織率は2020年6月時点で16.7％です（厚生労働省「令和2年（2020年）労働組合基礎調査」2019年12月）。

II

労働契約

ブラック企業

　厚労省は、「ブラック企業」の一般的な特徴として、①労働者に対し極端な長時間労働やノルマを課す、②サービス残業やハラスメントが横行するなど企業全体のコンプライアンス意識が低い、③労働者に対し過度の選別を行う、などを挙げています。従前より、その程度はともあれ、労働法令を遵守しない企業が相当程度存在することは社会的にも認識されていましたが、「ブラック企業」という用語が社会的に定着した現在において、今度は、若者（学生）の勤務先または就職先の労働環境や早期退職率等に対する関心が高まっています。

　「ブラック企業」のアルバイト版である「ブラックバイト」は、残業代や休憩を与えなかったり、不合理で根拠のない罰金やノルマを課したりすることに加えて、テストが近いのにシフトを入れて休ませない、代わりの人を見つけるまで辞めさせないなど、学生生活との両立を困難とさせるという側面もあります。ブラックバイト撲滅のため、学生により労働組合が立ち上げられ、ブラックバイト被害者の労働生活相談や、団体交渉による労働環境の改善などが行われています。

　また、若者の適職の選択並びに職業能力の開発及び向上に関する措置等を講ずる「青少年の雇用の促進等に関する法律」（若者雇用促進法）が2015年10月から順次施行されています。同法では、①固定残業代を採用する場合にはその詳細を表示させるなど、事業主が青少年を募集・採用に当たって講じるべき措置や、②労働法令に違反して是正勧告などを受けた事業所について、ハローワークが新卒求人を受け付けないこと、③新卒者の募集を行う事業主に対して職場情報を幅広く提供させ、さらに応募者等から求めがあった場合には一定の情報提供を義務づけることなどを定めています。

　これらの社会情勢や立法を意識して、企業側において適正な労務管理がなされ、より積極的なコンプライアンス経営が実現されることが期待されています。

[開本英幸]

1 労働契約

Q23 労働契約の基本原則について、誤っているものをひとつ選びなさい。 【正解率89%】

1 使用者は、労働者が過重労働により心身の健康を損なわないよう注意する義務を負う。

2 労働契約は、労働者の就業の実態に応じて、均衡を考慮しつつ締結・変更すべきものである。

3 労働者および使用者は、信義に従い誠実に権利を行使し、義務を履行しなければならない。

4 労働契約の内容は、仕事と生活の調和にも配慮することまでは求められていない。

Q24 次のうち、労働基準法上の労働者にあたる者をすべて選びなさい。 【正解率39%】

1 フリーのジャーナリスト

2 研修医

3 学生アルバイト

4 失業者

A23　正解は4

　労働契約の原則を定める労契法3条の内容を確認する問題です。労契法3条3項は、「労働契約は、労働者及び使用者が仕事と生活の調和にも配慮しつつ締結し、又は変更すべきものとする。」と定めています。

A24　正解は2、3

　労基法9条は、使用者の指揮命令下で労働し賃金を得る者を労働者として保護しています。指揮命令下であることが重要な基準となり、2の研修医、3の学生アルバイトはそれに該当します。

　他方、4の失業者は労働をしていないことにより、また、1のフリージャーナリストは指揮命令下の労働でないことにより、労基法上の労働者といえません。

Q25　使用者について、正しいものをひとつ選びなさい。

【正解率33%】

1　労働基準法上の使用者とは、事業主のみならず、事業主のために行為をするすべての者をいう。

2　親子会社の場合、親会社が子会社の従業員に対して使用者としての責任を負うことはありえない。

3　労働組合法上の使用者は、労働契約法上の使用者に限られる。

4　労働者派遣の場合、労働契約上の使用者は派遣先である。

Q26　労働契約について、正しいものをひとつ選びなさい。

1　労働契約を締結する際は、必ず契約書を作成しなければならない。

2　権利濫用の法理は民法にもとづくものであって、いわゆる労働法には何の定めもない。

3　労働契約は、労働者が無償で働くことを約する場合でも成立する。

4　労働契約は、労使が対等な立場で自主的な交渉をすることによって成立すべきものである。

A25　正解は1

　労基法では、事業主のために行為をするすべての者をいうとされています（労基法10条）。1は正しいです。親子会社の場合でも、子会社の法人格が完全に形骸化している場合や法人格の濫用が認められる場合には、親会社が使用者としての責任を負うことがあります。よって、2は誤りです。判例は、労組法上の使用者について、雇用主以外の者であっても、雇用主と部分的とはいえ同視できる程度に現実的かつ具体的な支配力を有する場合は労組法上の使用者と解しています。3も誤りです。労働者派遣の場合、労働契約上の使用者は派遣元です。4は誤りです。

A26　正解は4

　4は、労働契約の基本原則として労契法3条1項に定められているものです。

　1については、労働契約は口頭でも成立するため誤りです。ただし、労契法4条2項は、できるかぎり書面により確認すべきと定めています。

　2については、権利濫用法理は民法だけでなく、労契法3条5項にも定められているため誤りです。

　3については、労働契約の中核的な義務として、使用者の賃金支払義務があるため、労務提供に対する対価がない合意をしても、労働契約とは認められません。

Q27 労働契約について、正しいものをひとつ選びなさい。
【正解率91%】

1　労基法において書面による明示が義務づけられている事項について、使用者が労働条件を明示しなかったとしても、刑罰が科されることはない。

2　労働者が使用者に損害を与えた場合、労働者はその損害全額について常に賠償責任を負う。

3　労働契約は、労働者及び使用者が仕事と生活の調和にも配慮しつつ締結し、または変更すべきものであり、その違反に対しては刑罰が科される。

4　使用者は、労働契約に特に定めがなくとも、労働者がその生命、身体等の安全を確保しつつ労働することができるよう、必要な配慮をする義務を負う。

Q28 労働契約上の権利義務について、正しいものをひとつ選びなさい。
【正解率82%】

1　労働者が使用者の業務命令に従わなかった場合、業務命令違反として懲戒処分の対象となりうる。

2　労働者が就業時間中に私用メールをしている場合でも、懲戒処分の対象とはならない。

3　使用者は、指揮命令権に基づいて、労働者に違法な仕事を命じることも許される。

4　労働者は、退職後も当然に競業避止義務を負う。

A27　正解は4

　1については、使用者が明示すべき範囲の労働条件を明示しない場合等には、30万円以下の罰金に処せられます（労基法120条）。

　2については、労働者が使用者に損害を与えた場合、裁判例では、使用者は労働者に重過失がある場合にのみ損害賠償を請求しうるとして、賠償の範囲を限定しています。

　3については、労契法3条3項が仕事と生活の調和の原則を定めていますが、違反に対する刑罰等について規定はありません。

A28　正解は1

　就業時間中については、労働者は職務専念義務を負っており、私用メールも程度によっては懲戒処分の対象となりますので、2は誤りです。退職後の競業避止義務は、労働者の職業選択の自由を奪うので、当然負うものではありません。退職後の競業避止義務については労働者の合意等が必要になります。

Q29 次のうち、労働者の義務ではないものをひとつ選びなさい。 【正解率81%】

1　安全配慮義務　　　2　労務提供義務
3　秘密保持義務　　　4　競業避止義務

Q30 労働条件の明示について、誤っているものをひとつ選びなさい。 【正解率59%】

1　実際の労働条件が明示された労働条件と異なる場合、労働者は労働契約を解除することができる。
2　使用者には、賃金や労働時間等の重要な労働条件を書面により明示することが義務づけられている。
3　使用者が労働条件を明示しなかった場合、その労働契約は直ちに無効となる。
4　求人票に示された労働条件は、当事者間においてこれと異なる別段の合意をするなど特段の事情がない限り、労働契約の内容になる。

Q31 アルバイトに関するワークルールについて、正しいものをひとつ選びなさい。 【正解率98%】

1　商品販売のノルマを達成できなかった場合には、商品を必ず買い取らなければならない。
2　店長から急なシフト変更を要請された場合でも、それを断ることは許されない。
3　不注意で皿を割ってしまった場合、必ずしも弁償する必要はない。
4　体調不良などの相当な理由がない場合には、アルバイトを辞めることはできない。

A29 正解は1

安全配慮義務は使用者の付随的義務です。

労務提供義務は、労働者の中核的義務であり、秘密保持義務、競業避止義務は労働者の付随的義務です。

A30 正解は3

労働契約は口頭の合意で成立する諾成契約ですので、使用者が労働条件を明示しなかった場合、労働条件明示義務違反になりますが、労働契約自体は有効に成立します。したがって、3は誤りです。誤りとして4を選んだ人も多かったですが、正しい選択肢です。求人票に示された労働条件は、特段の事情のないかぎり労働契約の内容になります。

A31 正解は3

商品の買い取りを命じることは業務命令の範囲を超えていますので、1は誤りです。急なシフト変更を強制することはできませんので、2も誤りです。アルバイトにも退職の自由があるので、4も誤りです。

正しいのは3です。裁判例は、労働者が賠償すべき金額は、損害の公平な分担という見地から、信義則を根拠として減額されるとしています。お店のお皿などの備品については、使用者が管理できる問題であり、故意でないかぎり、損害賠償の対象になりません。

Q32 労基法の効力について、正しいものをひとつ選びなさい。　【正解率93%】

1　労働契約の内容が労基法に違反した場合、使用者が行政指導を受けるだけである。

2　労働契約の内容が労基法に違反した場合、労基法の強行的直律的効力により、違反した部分が無効となり、労基法の基準が内容となる。

3　労働契約の内容が労基法に違反した場合、違反した部分が無効となるので、改めて労使で交渉して契約内容を取り決めなければならない。

4　労働契約の内容が労基法に違反した場合であっても、使用者が刑事罰を科されることはない。

Q33 労基法の規制について、誤っているものをひとつ選びなさい。　【正解率83%】

1　「時間外労働に対する割増賃金は支払わない」という内容の労働契約を結んだ場合、その定めは労基法の基準を下回り無効となる。

2　「入社の日から年次有給休暇を10日付与する」という内容の労働契約を結んだ場合、その定めは労基法の基準を下回り無効となる。

3　北海道で働く労働者が時給700円の労働契約を結んだ場合、その定めは北海道の最低賃金である861円（2021年3月現在）を下回り無効となる。

4　「労働時間8時間につき30分の休憩時間を与える」という内容の労働契約を結んだ場合、その定めは労基法を下回り無効となる。

A32　正解は2

　1、4については、労基法には、私法的効力だけでなく刑事罰がある
ため、行政指導にとどまりませんので誤りです。

　3については、労基法に違反した部分は無効となり、その部分は労基
法の基準によるため、労使で交渉をして決定する必要はありません。

A33　正解は2

　労基法の定める基準に達しない労働条件を定める労働契約は、その部
分について無効となり、無効となった部分については、労基法の定める
基準が適用されます（労基法13条）。

　2については、労基法39条が定める年次有給休暇の基準を上回る労
働条件ですので、労働契約は有効です。

2 就業規則

Q34 就業規則について、誤っているものをひとつ選びなさい。
【正解率80%】

1　就業規則は、使用者が一方的に作成するものである。

2　就業規則は、労働者がいつでも見られるような状態にしなければならない。

3　就業規則の不利益変更の有効性は、内容の合理性等によって判断される。

4　就業規則の効力について、労契法には何らの定めもない。

Q35 就業規則について、誤っているものをひとつ選びなさい。
【正解率90%】

1　就業規則よりも有利な労働条件を労働契約が定めていた場合、労働契約の労働条件が契約内容となる。

2　労働協約よりも不利な労働条件を労働契約が定めていた場合、労働協約の労働条件が契約内容となる。

3　就業規則よりも有利な労働条件を法律が定めていた場合、法律の労働条件が契約内容となる。

4　労働協約よりも不利な労働条件を就業規則が定めていた場合、就業規則の労働条件が契約内容となる。

A34　正解は4

　1、4については、就業規則は使用者が一方的に作成するものであり、その効力については労契法7条以降に定められています。

　2については、就業規則の周知の問題です。A39の解説を参照してください。3については就業規則の不利益変更の問題です。労契法10条に基づいて判断されることになります。

A35　正解は4

　労基法が定める労働条件の基準は、わが国における最低基準であり、これに労働契約、就業規則が違反することはできません（労基法13条）ので、3は正しいです。

　また、就業規則はいわば「職場における最低基準」であり、これに労働契約が違反することはできません（労契法12条）ので、1も正しいです。

　他方で、労働協約は、労働条件の有利不利を問わず、労働契約・就業規則に優先しますので、2は正しく、4は誤りです。

Q36 次のうち、就業規則に必ず定めなければならない事項をひとつ選びなさい 【正解率83%】

1 賞与の計算方法 　　　　2 退職金の計算方法

3 解雇事由 　　　　　　　4 懲戒処分の種類

Q37 就業規則の作成について、正しいものをひとつ選びなさい。 【正解率84%】

1 常時8人の労働者を使用する使用者は、就業規則を作成しなければならない。

2 使用者は、作成した就業規則を行政官庁に届け出る必要はない。

3 使用者が合理的な労働条件を定めた就業規則を労働者に周知させていた場合、労働契約の内容は、その就業規則で定める労働条件によることになる。

4 使用者は、就業規則の作成・変更にあたって、過半数代表者の同意を得なければならない。

Q38 就業規則の作成・変更にあたっての使用者の労基法上の義務について、正しいものをひとつ選びなさい。

1 就業規則を変更する際には、使用者は、少なくとも過半数代表者から意見聴取をしなければならない。

2 就業規則を変更する際には、使用者は、すべての労働組合の同意を得なければならない。

3 事業場に労働組合がなければ、労働者側の意見書を提出できないので、使用者は就業規則を作成しなくてもよい。

4 就業規則を作成する際には、使用者は、内容について労働者全員の同意を得なければならない。

A36　正解は3

　就業規則に必ず定めなければならない事項（絶対的必要記載事項）は、①始終業の時刻、休憩時間、休日、休暇等に関する事項（労基法89条1号）、②賃金に関する事項（同条2号）、③退職（解雇を含む）に関する事項（同条3号）です。退職手当や賞与については、労働条件等について定めをする場合は、必ず記載しなければならない事項（相対的必要記載事項）とされています。

絶対的必要記載事項	必ず記載しなければならない（1号～3号）	労働時間、賃金、退職
相対的必要記載事項	制度を設ける場合は記載しなければならない（3号の2～10号）	退職手当、臨時の賃金、労働者の経済的負担、安全衛生、職業訓練、災害補償・傷病扶助、表彰・制裁、その他の労働条件

A37　正解は3

　1については、就業規則は常時10人以上の労働者がいる事業場がある場合に作成義務が生じます。2については、使用者には就業規則の届出義務があります。4については、就業規則の作成・変更にあたっては、使用者は過半数組合または過半数代表者の意見を聴取する義務がありますが、同意を得る必要はありません。

A38　正解は1

　労基法90条により、使用者が就業規則を作成・変更した場合には、労働者の過半数で組織する労働組合（過半数組合）または労働者の過半数を代表する者（過半数代表者）から意見聴取をしなければなりません。もっとも、過半数組合または過半数代表者が反対していたとしても、使用者は単に意見を聴きさえすればよく、労働者側の同意を得る必要があるわけではないことに注意が必要です。

Q39 就業規則の周知について、誤っているものをひとつ選びなさい。 【正解率70%】

1　就業規則を各作業場の見やすい場所に掲示していれば、就業規則を周知したことになる。
2　就業規則のコピーを労働者に交付していれば、就業規則を周知したことになる。
3　労働者が労働契約締結時に就業規則の内容を知らなければ、就業規則を周知したことにはならない。
4　就業規則を各作業場に備え付けていても、労働者がいつでも見ることができる場所に備え付けていなければ、就業規則を周知したことにはならない。

Q40 就業規則の不利益変更について、その有効性を判断する際に考慮すべき要素をすべて選びなさい。 【正解率47%】

1　労働協約が定める労働条件との優劣。
2　労働者の受ける不利益の程度。
3　変更後の就業規則の内容の相当性。
4　労働組合等との交渉の状況。

A39　正解は3

　使用者は、就業規則を労働者に周知させなければなりませんが、周知の概念は2つあります。

　第1に、労基法106条、労基法施行規則52条の2が定める労基法上の周知です。1、2の方法などが挙げられています。

　第2に、労契法7条本文、10条本文により就業規則の効力が認められるための周知は、労働者が就業規則をいつでも自由に見られる状態にしておくことをいいます。

　4は、この両方の意味での周知とはいえません。したがって、4は正しいです。誤りは、3になります。

A40　正解は2、3、4

　2〜4は労契法10条に明文で規定されています。

　1については、労働協約が定める労働条件との優劣は、仮に、就業規則の労働条件が労働協約のそれを下回れば、その労働条件は無効となる(労契法13条)のであって、不利益変更の効力の問題とはなりません。

Q41 就業規則の変更について、正しいものをひとつ選びなさい。 【正解率88%】

1　使用者は、就業規則を変更する際、労働組合の同意を得なければならない。

2　使用者は、経営上の必要がなくても、就業規則を変更することによって、一方的に賃金を切り下げることできる。

3　使用者が、労働者と合意することなく、就業規則を変更することによって、労働条件を不利益に変更することは、原則として許されない。

4　就業規則の変更に反対した労働者に対しては、就業規則の変更の効力が及ぶことはない。

A41　正解は3

　就業規則の変更の際には、作成時と同様に、過半数組合もしくは労働者の過半数を代表する者の意見を聴取することが求められますが、労働組合の同意までは求められていません。1は誤りです。就業規則の変更に労働者が反対したとしても、労契法10条が定めるように、労働者に周知され、その内容が合理的なものであるときは、労働契約の内容である労働条件は、当該変更後の就業規則に定めるところになります。よって、4も誤りです。

3 採用・内定・試用

Q42 採用面接の際の質問として、適切ではないものをすべて選びなさい。 【正解率53%】

1 結婚、出産しても働き続けられますか。

2 労働組合についてどう思いますか。

3 あなたの得意とする教科、科目はなんですか。

4 あなたの本籍地はどこですか。

Q43 採用について、正しいものをひとつ選びなさい。 【正解率62%】

1 使用者は、労働契約の締結に際し、労働条件について書面で明示する必要はなく、口頭で説明すればよい。

2 どのような基準を用いて採用を決定するかは、使用者の自由である。

3 求人にあたり、女性のみを募集することは原則として許されない。

4 使用者は、採用面接の際、応募者に対していかなる質問をしてもよい。

A42　正解は1、2、4

　使用者は、原則として、①人種、民族、社会的身分、門地、本籍等、②思想、信条、③労働組合への加入等の情報を収集してはならないとされています（職業安定法5条の4、平11労働省告示141号）。女性に限定しての質問は、男女雇用機会均等法の趣旨に反するもので、適切とはいえません。

A43　正解は3

　1については、使用者は、重要な労働条件について書面で明示する義務があります。

　2については、使用者に採用の自由がありますが、例外的に規制もあります。たとえば、性別によって採用を決定することは許されません。

　4については、使用者から、職業上の能力・技能、適格性と無関係な事項や人格的尊厳・プライバシーを強く侵害するような事項を質問することは許されません。

Q44 採用について、誤っているものをひとつ選びなさい。
【正解率72%】

1　労働者の採用にあたっては、法律等により制限のある場合を除き、原則として使用者に採用の自由が認められる。
2　採用面接の際に、「結婚の予定はありますか」という質問をすることは、男女雇用機会均等法に照らし妥当ではない。
3　採用面接の際に、本籍地や親の職業について質問をすることは許される。
4　採用の条件を女性に限定することは、女性に有利だとしても、男女雇用機会均等法に違反する。

Q45 採用内定について、正しいものをひとつ選びなさい。
【正解率80%】

1　応募者が内々定の際に「就職活動を終える」という誓約書にサインした場合、その後に就職活動を続けることは許されない。
2　労働契約は、内定期間を経た後の入社の時点で成立する。
3　応募者が内定承諾書を提出した場合、その後に内定を辞退することは許されない。
4　応募者が内定を辞退する場合、会社にその旨を連絡しなければならない。

Q46 採用内定について、正しいものをひとつ選びなさい。

1　内定は、文書でもらわないと法的効果がない。
2　内定が出れば、直ちに働きはじめなければならない。
3　内定が出れば、労働契約が成立したこととなる。
4　働きはじめる前に内定が取り消された場合、労働者はこれに従わなければならない。

A44　正解は3

　本籍地や家族構成などは本人に責任のない事柄であり、差別につながるおそれのある質問として、適切とはいえません。また、本来自由であるべき思想信条に関わる事柄についても、質問することは適切とはいえません。

A45　正解は4

　応募者が内々定の際に「就職活動を終える」という誓約書にサインすることもありますが、内々定の段階ですので、その後に就職活動を続けることも許されます。したがって、1は誤りです。

　労働契約の成立時期は、一般的には採用内定時ですので、2も誤りです。

　応募者が内定承諾書を提出した場合でも、労働者には退職の自由が保障されており、その後に内定を辞退することも許されますので、3も誤りです。

A46　正解は3

　1については、内定は要式を問わず、口頭でも成立します。

　2については、内定を受けても、就労開始が将来の特定日であれば、直ちに働きはじめる必要はありません。

　4については、内定取消にあたっては、客観的に合理的と認められ社会通念上相当な事由が必要ですので、当該事由がなければ内定取消は無効となります。

Q47 次のうち、採用内定取消しの理由として正当といえないものをすべて選びなさい。 【正解率73%】

1 　提出書類の記載に重大な虚偽があることが発覚したとき。

2 　内定者が、生活習慣病であることが発覚したとき。

3 　内定者が、卒業予定であった大学等を卒業できなかったとき。

4 　内定辞退者が予想より少なかったとき。

Q48 試用について、正しいものをひとつ選びなさい。 【正解率48%】

1 　使用者は、内定時から知っていた事実を理由として、本採用を拒否することができる。

2 　契約自由の原則に基づき、長期の試用期間を設定することも当事者の自由である。

3 　試用期間については、労働者と使用者との間に解約権付きの労働契約が成立している。

4 　試用は労働契約である以上、本採用を拒否するには、本採用後になされる解雇と同程度に正当な理由が必要である。

Q49 試用と本採用拒否について、正しいものをひとつ選びなさい。 【正解率69%】

1 　試用期間中であれば、使用者はいつでも本採用拒否を通告することができる。

2 　試用も労働契約である以上、本採用を拒否するには、正社員の解雇と同程度に正当な理由が必要である。

3 　本採用を拒否するには、勤務成績・勤務態度の不良といった適格性欠如の具体的な根拠が必要である。

4 　労基法の定めにより、試用期間は6か月を超えてはならない。

A47　正解は2、4

1と3は典型的な内定取消の理由にあたります。

2は、生活習慣病であることが発覚したからといって、就労できないわけではないので、正当とはいえません。

4についても、内定辞退者が予想より少ないことは経営側の事情であり、それだけでは正当な内定取消理由にはなりません。

A48　正解は3

4は誤りです。本採用の拒否には適格性欠如などの具体的な根拠が必要ですが、正社員に対する解雇と比較すると自由度が高いと理解されています。

2も誤りです。裁判所は、合理的範囲を超えた長期の試用期間の定めは公序良俗に反し無効であると判断しています。

A49　正解は3

本採用の拒否には適格性欠如の具体的な根拠が必要ですが、正社員の解雇と比較すると自由度が高いとされます。なお、試用の期間について労基法ではとくに規制をしていません。

4 権利保障・人格的利益

Q50 不当な拘束の禁止について、誤っているものをひとつ選びなさい。 【正解率78%】

1 労働契約の不履行について違約金を定めた場合、その定めは無効となる。

2 使用者は労働者に金銭の貸付けをしてはならず、それは福利厚生の一環であったとしても労基法では許されない。

3 強制労働は、労基法で明確に禁止されている。

4 使用者が、業務命令により労働者に技能研修を受けさせ、その研修費用を貸し付けた場合、禁止される損害賠償の予定となる場合がある。

Q51 セクハラについて、正しいものをすべて選びなさい。 【正解率65%】

1 セクハラの責任を負うのは加害者個人だけである。

2 セクハラには、対価型と環境型がある。

3 男性から女性だけではなく、女性から男性へのセクハラも存在する。

4 被害者の同意があっても、セクハラに該当することがある。

A50　正解は2

　2については、労基法17条は、前借金等との相殺を禁止していますが、貸付自体は禁止していません。

　4については、業務命令による技能研修費用について貸与のかたちをとった場合、研修終了後の退職を思いとどまらせる趣旨として、労基法16条に違反する可能性があります。

A51　正解は2、3、4

　2や4を選択しないという誤りが目につきました。2にいう「対価型」と「環境型」はセクハラの基本的パターンであり、男女雇用機会均等法11条においてもその旨定めています。4については、被害者の同意の態様や経緯等によってはセクハラに該当しない場合もありますが、通常は被害者がやむにやまれず対応したとみなされ、セクハラとされます。

　なお、1のセクハラの責任は、加害者個人とともに使用者も責任を負う（民法715条）場合が一般的なので、誤った説明です。

Q52 次の行為のうち、セクハラに該当する可能性が高いものをすべて選びなさい。

1　必要なく身体へ接触すること。
2　性的な内容の噂を広めること。
3　個人的な性的体験談を話すこと。
4　執拗に食事やデートに誘うこと。

Q53 セクハラについて、正しいものをすべて選びなさい。

【正解率78%】

1　セクハラの被害者には、女性だけではなく、男性もなりうる。
2　勤務時間外に行われる懇親会での言動は、プライベートな時間でのものなので、セクハラに該当しない。
3　男女雇用機会均等法は、職場におけるセクハラの発生を防止するために、事業主が雇用管理上必要な措置を講じるよう義務づけている。
4　男性の上司が男性の部下に性的関係を求めることは、同性間の言動なので、セクハラに該当しない。

Q54 パワハラについて、誤っているものをひとつ選びなさい。

1　上司が部下に対してある程度の注意をすることは許される。
2　違法なパワハラと認定された場合には、その行為者のみならず使用者も損害賠償責任を負うことがある。
3　パワハラは上司が部下に対してする行為であって、部下が上司に対してする行為はパワハラに当たらない。
4　パワハラについての独自の法規定はある。

A52　正解は1〜4すべて

いずれもセクハラになる可能性が高い行為といえます。

A53　正解は1、3

　勤務時間外であっても、職務上の地位を利用して、業務に関連して行われた場合には、セクハラとなりえます。厚生労働省は、異性間だけでなく同性間の言動についても職場のセクハラに該当することを、均等法の指針で明らかにしています。

A54　正解は3

　正当な業務上の注意はパワハラにあたりませんので1は正しいです。違法なパワハラと認定された場合、被害者に対して、行為者のみならず使用者も損害賠償責任を負う場合があります（民法715条）。したがって2は正しいです。他方、3は誤りです。パワハラは、上司から部下に対しての行為だけにかぎられません。先輩・後輩間や同僚間、さらには部下から上司など、さまざまな職務上の地位や人間関係の優位性を背景に行われるものがパワハラの対象になります。4については、労働施策総合推進法は職場のパワハラを「職場において行われる優越的な関係を背景とした言動であって、業務上必要かつ相当な範囲を超えたものによりその雇用する労働者の終業環境が害されること」と定義したうえで、事業主に対してパワハラを防止するために雇用管理上必要な措置を講じることを法律上義務付け、労働者がハラスメントに関して事業主に相談したこと等を理由とする不利益取扱いを禁止するなどのパワーハラスメント防止対策が法制化されました。この法改正は、大企業では2020年6月、中小企業では2022年4月から施行されます。

Q55 労働者の権利保障・人格的利益について、正しいものをすべて選びなさい。

1 二次会に女性職員を無理に誘うことは許されない。

2 会社主催の飲み会に女性職員だけを誘わないことは許されない。

3 飲酒を伴うコンパを禁止することは許されない。

4 営業職について制服着用を義務づけることは許されない。

Q56 プライバシーについて、誤っているものをすべて選びなさい。　【正解率79%】

1 使用者は、業務上の必要性がなくとも、労働者のインターネットの利用状況や私用メールを監視することができる。

2 使用者は、採用面接の際、応募者のプライバシーを強く侵害するような事項について質問をすることはできない。

3 ＨＩＶ検査等の職務と無関係な労働者の健康情報を使用者が本人に無断で調査することは、プライバシー侵害に該当する。

4 労働者に貸与したロッカーの中や机の引き出しを使用者が日常的に調査することは、プライバシー侵害に該当しない。

A55　正解は1、2、3

　1はセクハラ、2は性差別にあたるので、いずれも許されません。

　3については、業務との関連のないコンパについてまで制約することは労働者の人格的利益を損なうので、許されません。

　4については、業務上の必要性があり、制服着用の義務づけが労働者の人格的利益を直ちに損なうものではないので、許されます。

A56　正解は1、4

　1については、従業員の電子メールの閲覧・監視を業務上の必要性なく行うことは許されません。

　4については、貸与したロッカーや机であっても、それらを日常的に調査することはプライバシー侵害にあたります。

Q57 使用者のパソコンを利用する労働者の私用メールについて、正しいものをひとつ選びなさい。

1　私用メールを使用者が閲覧することは、プライバシーの侵害になるので、いかなる場合であっても認められない。

2　使用者はいつでも、労働者の私用メールについて調査、監視することができる。

3　使用者が私用メールの監視をすることは、合理的な必要があり、その方法が相当であれば許される。

4　私用メールは労働者の職務専念義務違反になるので、これが発覚した場合には、直ちに懲戒解雇が可能である。

Q58 パソコンの私的利用について、誤っているものをひとつ選びなさい。　【正解率93%】

1　労働者が、就業時間中に会社のパソコンを私的に利用することは、職務専念義務に違反する。

2　使用者は、私用のためのパソコン利用を使用規程によって禁止することができる。

3　会社のパソコンを私的に利用することは、日常の社会生活に必然的に伴う軽微な利用であっても、必ず懲戒処分の対象となる。

4　パソコンの利用により会社の機密情報が漏洩した場合には、企業秩序違反行為として懲戒処分の対象となる。

A57 正解は3

　1、2については、私用メールの監視、点検の可否は、規程の有無・内容や、必要性・相当性によって判断されますので、誤りです。

　4については、私用メールは職務専念義務違反になる可能性がありますが、その事実のみで懲戒解雇が可能ということにはならず、私用メールの禁止に関する規程の有無・内容、私用メールの頻度・内容等から判断されることになります。

A58 正解は3

　軽微な私的利用の場合は、企業秩序を害していないものとして、懲戒処分をすることは許されない可能性があります。

5 配転・出向・降格

Q59 配転について、誤っているものをひとつ選びなさい。

1 就業規則に「配転をすることがある」旨の定めがあれば、使用者に配転命令権があることの法的根拠があるといえる。
2 札幌以外で働かない条件で採用した労働者を、札幌以外に配転させることはできない。
3 短期間の勤務場所の変更は、出張とよばれる。
4 使用者は、配転命令権の法的根拠が認められれば、業務上の必要性がある限り、労働者の職種または勤務場所を自由に変更することができる。

Q60 次の配転のうち、濫用とされる可能性が高いものをすべて選びなさい。 【正解率82%】

1 夫婦共働きで子どもが難病に罹患している状況での、遠隔地への配転。
2 労働組合をつぶすための配転。
3 定期的な人事異動に伴う配転。
4 労働者を退職させるための配転。

A59 正解は4

　仮に業務上の必要性があっても、他の不当な動機・目的をもってなされた場合、労働者に対し通常甘受すべき程度を著しく超える不利益を負わせる場合には、当該配転命令は無効になります。

A60 正解は1、2、4

　定期的な人事異動は、労働力の適正配置、業務運営の円滑化のためになされるものといえ、業務上の必要性があるといえます。

　2、4については、不当な動機・目的があるといえ、また1については、通常甘受すべき程度を著しく超える不利益があるといえますので、濫用となる可能性が高くなります。

Q61　配転について、正しいものをひとつ選びなさい。

【正解率84%】

1　使用者の正社員に対する配転は常に有効である。
2　配転には、労働者の個別の同意が必要である。
3　就業規則に基づく配転であれば、配転によって労働者に不利益が生じたとしても、常に有効である。
4　労働組合員であることのみを理由とする配転は許されない。

Q62　配転について、誤っているものをひとつ選びなさい。

【正解率60%】

1　就業規則に「配転をすることがある」旨の定めがあれば、使用者は配転を命じることができる。
2　育児や介護に従事する労働者を配転させるにあたり、使用者はその状況に配慮する必要がある。
3　労働者を退職させることを目的とした配転は許されない。
4　配転には、労働者の個別の同意が必要である。

Q63　出向について、正しいものをひとつ選びなさい。

【正解率68%】

1　職務と勤務場所が同時に変更されることを出向という。
2　在籍のまま他の企業で働くことを転籍という。
3　使用者は、就業規則により転籍命令を発令できる。
4　使用者は、個別の合意があれば在籍出向を発令できる。

A61　正解は4

配転命令権に法的根拠があったとしても、濫用となる場合があります。

A62　正解は4

　判例は、配転については個別の同意は必ずしも必要ではなく、就業規則などの包括的同意で足りるとしています。したがって、4は誤りです。育児や介護に従事する労働者を配転させる場合には、育介法において、使用者はその状況に配慮することが求められています。

A63　正解は4

　1は誤りです。出向とは、労働者が出向元会社の地位を保持したまま、一定期間、他企業の業務に従事することをいいます。

　2についても、転籍とは、現在雇用されている使用者との労働契約を終了させ、他企業との間で新たに労働契約関係に入ることをいうので、誤りです。

　3も誤りです。転籍を命じるには、個別の同意が必要と解されています。

Q64 次のうち、出向命令の根拠となりえないものをひとつ選びなさい。

1　就業規則。
2　当該労働者との労働契約書。
3　過半数代表者との労使協定。
4　当該労働者が所属する労働組合との労働協約。

Q65 降格について、正しいものをひとつ選びなさい。

【正解率93%】

1　労働者が一度昇格したあとは、降格されることはない。
2　懲戒処分として降格されることはない。
3　降格は、懲戒処分として行われる場合と、人事権にもとづいて行われる場合とがある。
4　就業規則にもとづく降格は、常に有効である。

Q66 就業規則にもとづく降格がされた場合、権利の濫用を判断する際に考慮される事情をすべて選びなさい。

1　降格の原因。
2　労働者側の不利益の程度。
3　労働者の反省の態度。
4　過去の降格の実績、運用状況。

A64　正解は3

　個別合意、就業規則、労働協約は根拠となりえますが、出向と過半数代表者との労使協定は無関係ですので、根拠となりえません。

A65　正解は3

　1については、法的根拠があれば昇格後に降格されることもありえます。

　4については、就業規則にもとづく降格をしても、権利の濫用とされた場合には無効となります。

A66　正解は1～4すべて

　いずれも考慮すべき事情となりえます。

III

労働条件

年休が取得しやすくなるためには

　年次有給休暇（年休）は、心身のリフレッシュを図ることを目的とした休暇で、原則として、労働者が休暇の時季を決めることができる制度になっています。しかし、2018年の年休取得率は52.4%にとどまっており、他の先進諸国と比べても、日本の年休取得率は低くなっています。ある調査では、年休を取得しづらい理由は、「職場に休める空気がないから」（33.6%）、「自分が休むと同僚が多く働くことになるから」（22.9%）、「上司・同僚が有給休暇を取らないから」（22.3%）といったものが上位になっています（BIGLOBE「有給休暇に関する意識調査」（2017年））。年休取得を阻害する大きな要因は、職場の「空気」だというのです。

　こうした状況において、2018年の働き方改革法で労基法が改正され、年5日以上の年休取得が義務づけられました。使用者は、10日以上の年休が付与される労働者に対し、5日について、毎年、時季を指定して与えなければなりません（37条7項）。時季指定にあたっては、労働者の意見を聴取し、できる限り労働者の希望に沿った取得時季にするために、聴取した意見を尊重するよう努めることとされています。年休を年5日取得させなかった場合、30万円以下の罰金の対象になります（120条）。もっとも、法律で年休取得を義務づけたとしても、職場の「空気」が変わらなければ、本当の「働き方改革」は実現できません。

　働き方が多様化するなかで、みんなが同じ時間に同じ動きをすれば、いい仕事ができるとは限らなくなっています。年休を取得しやすくするには、チームで情報を共有し、それぞれが仕事に取り組みやすい職場にしていくことが必要です。また、個々の裁量を認め、自分自身で仕事をマネージメントしていくことも必要でしょう。働き方を「自己決定」していくということは、他者の「自己決定」も認めていくということです。

　年休を取得してリフレッシュをすることが、いい仕事につながるという認識も必要です。職場の「空気」を変えるためには、労使の継続的な取り組みが不可欠です。

[國武英生]

1 賃金

Q67 賃金の決定について、正しいものをすべて選びなさい。
【正解率88%】

1 　高卒同期採用で同一の仕事に就く場合、男女間で賃金額に差を設けることは許されない。
2 　女性が育児休業または介護休業を取得した場合は有給とし、男性が取得した場合は無給とすることは許される。
3 　賃金の額は、最賃法に基づき決定された地域別最低賃金または特定最低賃金の額以上としなければならない。
4 　賃金の決定に際して、特定の政党の党員であることを理由として差別的取扱いをすることは許されない。

Q68 労働者が受領した次の金銭のうち、労基法上の賃金にあたらないものをひとつ選びなさい。
【正解率98%】

1 　労働協約にもとづく家族手当。
2 　飲食店の客が払ったチップ。
3 　労働契約に基づく毎月の基本給。
4 　就業規則に基づく冬季賞与。

A67　正解は1、3、4

　1は労基法4条の男女同一賃金の原則に、3は最賃法4条1項、10条1項、15条1項に、4は労基法3条の信条による賃金差別の禁止にそれぞれ該当します。

　2も1と同様、労基法4条の男女同一賃金の原則に関する事項ですが、同法の定める「差別的取扱い」とは、女性を不利に取り扱う場合のほか、有利に取り扱う場合も含みます。産前産後休暇や生理休暇のように男性に適用の余地がないものであれば別ですが、男性も育児・介護休業を取得できる以上、その場合に有給とするか無給とするかは、男女とも同一の取扱いとする必要があります。

A68　正解は2

　チップは、使用者が労働者に支払ったものではなく、賃金の定義に含まれません。労働契約、就業規則、労働協約にもとづく、基本給、家族手当、賞与はいずれも賃金にあたります。

Q69 賃金請求権の発生について、誤っているものをすべて 選びなさい。 【正解率52%】

1 労働者が解雇されたあと、裁判で解雇が無効とされた場合、解雇期間中は労働していないので、労働者はその間の賃金を使用者に請求することはできない。

2 寝坊して始業時刻に30分遅刻した場合、使用者は、原則として、遅刻して勤務しなかった30分間に対応する賃金を支払う必要はない。

3 交通障害で仕事ができなかった場合でも、使用者は労働者に対して賃金を全額保障しなければならない。

4 賃金請求権の発生に関してはノーワーク・ノーペイの原則が適用されるため、遅刻や早退をしても賃金を減額しないという合意（完全月給制）は無効となる。

Q70 次のうち、労基法が定める賃金支払いの原則ではないものをひとつ選びなさい。 【正解率72%】

1 直接払いの原則

2 毎月1回以上一定期日払いの原則

3 ノーワーク・ノーペイの原則

4 全額払いの原則

A69　正解は1、3、4

　1～3については、仕事ができなかった責任が労使のどちらにあるかによって賃金請求権が発生するかどうかが決まります。

　1は使用者の責任ですので、解雇期間中の賃金は請求できます。

　2は労働者の責任ですので、遅刻分の賃金は請求できません。

　3は、労使のどちらにも責任はありませんが、このケースのリスクは労働者が負い、使用者は賃金を支払う必要がないことになります。

　4については、ノーワーク・ノーペイの原則は労使間の合意で排除することもできますので、選択肢のような完全月給制は有効となります。

A70　正解は3

　ノーワーク・ノーペイの原則は、労務提供がないとその対価である賃金の支払いはないとする原則ですが、民法にもとづくものであって、労基法が定める原則ではありません。

Q71 賃金全額払いの原則について、正しいものをひとつ選びなさい。
【正解率66%】

1 労働者が遅刻や早退をした場合、使用者は、その時間に応じた賃金を控除することができる。

2 労働者がストライキを行った場合、使用者は、その時間に応じた賃金を控除することができない。

3 使用者が労働者に対して貸付けを行っていた場合、使用者は、労働者の退職にあたって、退職金から残債務を天引きして弁済させることができる。

4 労働者が仕事中にミスをして使用者に損害を生じさせた場合、使用者は、賃金から損害額を天引きして補填させることができる。

Q72 賃金について、正しいものをすべて選びなさい。
【正解率64%】

1 給料を年俸で定めた場合であっても、毎月1回以上一定期日に分割して支払わなければならない。

2 未成年者のアルバイト代は、親権者が受領することができる。

3 最低賃金額は、都道府県によって異なる。

4 労働者は、退職しても必ず退職金を受領できるわけではない。

A71　正解は1

　1は、ノーワーク・ノーペイの原則から、もともと賃金債権が発生しておらず、賃金全額払いの原則の問題は生じませんので、正しい選択肢となります。また、2も同様で、ストライキが理由であってもノーワーク・ノーペイの原則に変わりはありませんので、誤りといえます。

　3は、法令で決められたもの以外を、労使協定なしに賃金から控除することは、賃金全額払いの原則に反しますので、誤りです。4も同様です。

A72　正解は1、3、4

　1、2については、労基法24条に定められる賃金支払いの原則のうち、毎月払い、直接払いにそれぞれ関係します。また、2については、労基法59条に、未成年者の親権者が賃金を代わって受け取ってはならない旨の規定もあります。

　3については、各都道府県の産業・賃金・生計費の違いを考慮して、異なった金額が定められています。

　4については、そもそも会社に退職金規程がない場合には受領できませんし、退職に至る態様が悪質であるなどの事情によっては、退職金が減額または不支給となるケースもあり得ます。

Q73 最低賃金について、正しいものをひとつ選びなさい。
【正解率99%】

1 最低賃金は、当該企業における最低の基本給、つまり初任給のことをいう。
2 労使は対等の立場にもとづいて賃金額を合意するのであるから、その合意が無効となることはない。
3 最低賃金を上回る賃金額を労働契約で定めた場合、使用者は労働契約で定めた賃金額を労働者に支払わなければならない。
4 最低賃金は、全国一律で定められている。

Q74 次のうち、最賃法の適用を受ける労働者をすべて選びなさい。
【正解率89%】

1 嘱託社員　　2 学生アルバイト
3 派遣労働者　4 パートタイマー

Q75 賞与について、正しいものをひとつ選びなさい。
【正解率91%】

1 賞与は、あくまで労働者に対するご褒美であり、就業規則に支給の時期、金額、計算方法等が定められていても、支給するかどうかは使用者が自由に決められる。
2 使用者は、正社員に対して、年1回以上必ず賞与を支給しなければならない。
3 賞与は支給日に会社に在籍している労働者に対してのみ支給する、という条件を設けることは許される。
4 労働者ごとに勤務成績を考慮して、賞与の額に差を設けることは許されない。

A73　正解は3

　最低賃金制度は、これを下回る賃金額の合意を無効とするものであって、これを上回る賃金額の合意は有効です。

　4については、最低賃金は地域ごとに定められる「地域別最低賃金」と、特定の産業で働く人に適用される「特定最低賃金」とがあり、全国一律で定められるものではありません。

A74　正解は1〜4すべて

　産業や職種、雇用形態や呼称の如何を問わず、すべての労働者に適用されます。

A75　正解は3

　賞与は、就業規則の定めに従って使用者に支払義務が発生しますので、1、2は誤りです。また、賞与の算定について、各労働者の勤務成績を考慮して労働者ごとで賞与額に差を設けることも合理的範囲では許容されます。

　賞与の支給方法は、基本的に使用者が自由に定めることができるので、支給日の在籍要件や勤務成績を考慮した金額決定も許されますので、3は正しいといえます。

Q76 退職金について、正しいものをひとつ選びなさい。

【正解率92%】

1 労働者は、退職した際、必ず使用者に退職金を請求できる。

2 労働者が同業他社に転職した場合、退職金が支払われることはない。

3 自己都合退職であろうと、会社都合退職であろうと、在職期間が同一であれば退職金額も同一となる。

4 労働者が懲戒解雇された場合であっても、退職金が支払われることがある。

Q77 退職金規程の定め方について、誤っているものをひとつ選びなさい。

1 労働者の永年の勤続の功労を減殺するような非行がある場合に退職金を減額する定めは許される。

2 同業他社への転職をする場合には退職金を減額する定めは許されない。

3 自己都合退職と会社都合退職とで支給額に差を設ける定めは許される。

4 性別によって支給額に差を設ける定めは許されない。

A76 　正解は4

　退職金は、就業規則の定めにより支給条件が異なります。就業規則に定めがなければ退職金は支給できませんし、転職先や退職の態様（自己都合か会社都合か）によって退職金の支給率・支給額を変更することもできます。このため、1～3は一概に断定できないので誤りとなります。

　4については、懲戒解雇された場合であっても、とくに退職金の不支給の定めがないときには、労働者は退職金の請求をすることができます。また、仮に就業規則で懲戒解雇の場合の退職金の不支給の定めがあったとしても、懲戒解雇の理由やその有効性によっては、退職金が支給される場合があります。

A77 　**正解は2**

　退職金の有無や支給基準の定め方については、使用者が大きな裁量を持っています。もっとも、退職金が、功労報償的性格だけでなく賃金の後払的性格をも持つことに照らすと、退職金を減額または不支給とする定めが無制限に許されるわけではありません。

　1や3という誤答が目立ちましたが、1の重大な非行があった場合、2の同業他社への転職の場合、3の自己都合退職の場合は、永年の勤続の功労がそれぞれ一定程度減殺されており、その限りで減額の定めは許されるといえます。よって、2が誤りです。

　一方、性別によって支給額に差を設ける定めは、労基法4条にいう男女同一賃金の原則に反し許されませんので、4は正しいです。

2 労働時間・休日・年休

Q78 労働時間・休憩時間について、正しいものをひとつ選びなさい。 【正解率88%】

1 週40時間の範囲内であれば、１日の労働時間はどんなに長時間であってもよい。

2 休憩時間を１日３時間とする合意は許される。

3 労働者側からの提案であれば、１日10時間働く合意をすることもできる。

4 休憩時間も、職場内で過ごすのであれば労働時間に含まれる。

Q79 休憩について、誤っているものをひとつ選びなさい。 【正解率60%】

1 休憩時間中であっても、使用者からの仕事の指示には従わなければならない。

2 休憩は、労働時間の途中に与えなければならない。

3 忙しくて休憩が取れなかった場合には、休憩時間分の賃金が発生する。

4 労働時間が６時間を超える場合には、最低45分間の休憩を与えなければならない。

A78 正解は2

　労働時間は、原則として1日最長8時間・週最長40時間であり、労働時間規制についての適用除外の要件を満たさない限り、それを超える所定労働時間の合意は、仮に労働者が心からそれを望んでいたとしても無効となり、労基法の基準が適用されます。

　休憩時間は労働時間に含みませんが、使用者はその時間を労働者に自由に使わせる必要があります。休憩時間の下限は定められていますが、上限は定められていません。

A79 正解は1

　休憩時間とは、労働者が労働から離れて自由に利用できる時間をいいます。使用者からの仕事の指示に従わなければならないとすれば、もはや休憩時間とはいえませんので、1が誤っている選択肢となります。また、休憩は、労働時間の途中に与えなければなりませんので、2は正しいです。休憩が取れず働いていた場合には、その時間は労働時間であり、賃金が発生しますので、3は正しいです。労基法34条1項は、労働時間が6時間を超えるときは45分以上、8時間を超えるときは1時間以上の休憩を与える旨定めていますので、4は正しいです。

Q80 次のうち、労働時間にあたるものをすべて選びなさい。
【正解率48%】

1 労働者が終業時刻後も仕事をしているのを使用者が黙認している場合の時間

2 使用者が所定労働時間内では明らかに終わらない量の仕事を命じたため、自宅に持ち帰って仕事をした時間

3 使用者から出張を命じられたが、労働者がこれに応じずに自分のやりたい仕事をした時間

4 労働者が終業時刻後に社屋に居残って、交際中の同僚の仕事が終わるのを待ちながら仕事のことを考えていた時間

Q81 労働時間について、正しいものをすべて選びなさい。
【正解率21%】

1 労働者と使用者との間で、終業時刻後に働いても労働時間とは扱わないとの合意があっても、終業時刻後に上司の指示で仕事をしていた場合、その時間は労働時間として扱う必要がある。

2 終業時刻後に実施される研修会に参加した時間は、会社の事業場内で行なわれている場合には、常に労働時間となる。

3 公共交通機関を利用して会社から出張先へ移動した時間は、原則として労働時間となる。

4 営業車を運転して会社の営業所から客先の事業所へ移動した時間は、労働時間にあたる。

A80 正解は1、2

　3を選んだ人が多く見られましたが、3は誤りです。労働時間は、労働者が客観的に見て使用者の指揮命令下に置かれている時間を指しますので、労働者が使用者の指示に基づかず勝手に仕事をしている時間は債務の本旨に従ったものではなく、労働時間に当たりません。

　1、2は使用者に黙示的な業務の指示がある典型的な例です。

　4は労働者の主観では仕事をしているかもしれませんが、客観的に見て使用者の指揮命令下に置かれているとはいえません。

A81 正解は1、4

　労働時間とは、労働者が使用者の指揮命令下に置かれている時間をいいます。

　2については、会社が参加を義務づけている研修であれば労働時間になりますが、社内で行なわれているからといって必ずしも参加義務があるとはいえませんので、常に労働時間となるわけではありません。

　4については、客先の事業所へ移動すること自体が指揮命令の内容であるといえるので労働時間にあたります。

　他方、出張中の事例である3については、移動中に物品を監視するなどの使用者からの指揮命令がある場合は別として、単に目的地まで移動すればよいだけであれば労働から解放されているといえますので、労基法上の労働時間とはいえません。

Q82 以下の労働者のうち、労働時間規制の適用を除外される者として、誤っているものをひとつ選びなさい。

1　農業・畜産・水産業に従事する労働者

2　年収1000万円以上の労働者

3　部長や工場長などの労働条件の決定等に経営者と一体的な立場にある労働者

4　役員秘書などのような機密の事務を取り扱う労働者

Ⅲ

Q83 時間外・休日労働について、誤っているものをひとつ選びなさい。　【正解率50%】

1　会社が就業規則で土日祝日を休日と定めている場合、どの休日に出勤したとしても労基法上の休日労働割増賃金が発生する。

2　使用者が労働者に時間外・休日労働を命じるためには、36協定の締結・届出が必要である。

3　割増賃金を毎月20時間分の定額で支払っている場合、20時間を超えて時間外労働をした月がある場合は、使用者は労働者に差額分の割増賃金を支払う必要がある。

4　労働時間規制の適用除外とされる管理監督者に該当するかどうかは、肩書きではなく就労実態により判断される。

A82　正解は2

　労働時間、休憩および休日に関する規定について、労基法41条は、①農林・畜産・水産業に従事する労働者（選択肢1）、②管理監督者又は機密の事務を取り扱う者（選択肢3、4）、③断続的労働に従事する労働者を適用除外としています。これは、事業の性質、働き方の自由裁量度の高さ、または労働密度との関係などから、労働時間規制になじまない類型を適用除外としたものです。なお、働き方改革法に基づく労基法改正によって2019年に導入された高度プロフェッショナル制度（労基法41条の2）は、収入要件は1075万円以上とされています。またそれだけでなく、労働時間と成果との関連性が低いとされる高度専門職に就いていること、労働者本人の同意があることなどの要件があります。

A83　正解は1

　労基法35条1項によると、休日は毎週少なくとも1回与えればよいとされ、土日祝日を休日と定めている場合、土日のうちの1日が法定休日、それ以外は法定外休日と呼ばれます（会社で特に定めを置いていない場合には、日曜日を法定休日とするのが通例です）。労基法上の休日労働割増賃金が発生するのは、法定休日に労働した場合です。法定外休日と法定休日で同じ割増率としている会社もありますが、それは契約でそのように定めているものであり、労基法の規制とは区別されます。

Q84 　時間外労働について、正しいものをひとつ選びなさい。
【正解率78%】

1　使用者は、労働者の過半数を代表する者と協定を結ばなければ、労働者に時間外労働をさせることができない。
2　1日7時間勤務の労働者を8時間働かせた場合、1時間分は割増賃金を支払わなければならない。
3　使用者は、1か月に60時間以上時間外労働した労働者の割増賃金率を下げることができる。
4　割増賃金率は、使用者が自由に決められる。

Q85 　割増賃金について、誤っているものをひとつ選びなさい。
【正解率77%】

1　1日7時間勤務の労働者を8時間まで働かせた場合、労基法上、1時間分の割増賃金を支払う必要はない。
2　割増賃金を定額時間外手当として支給している場合には、労働者が時間外労働を何時間したかにかかわらず、追加で時間外手当を支給する必要はない。
3　割増賃金を定額時間外手当として支給する場合には、その手当が時間外労働の対価であることが労働者に明示されている必要がある。
4　土日を休日としている会社において日曜日を法定休日と定めていた場合、日曜日に休んで土曜日に労働しても、土曜日の労働は労基法上の休日労働にはならない。

A84　正解は1

　使用者が労働者を1日8時間・週40時間以上働かせるためには、労基法36条に定める協定を労使間で結ぶ必要があります。

　割増賃金は、労基法に定める時間以上働いた際に発生するものですので、労働契約よりは長いが労基法の上限（1日8時間）に満たない時間の「残業」では、割増賃金は発生しません。

A85　正解は2

　1については前問を参照してください。

　2、3については、月給の中に定額の時間外手当を定めて支払う場合、その手当が時間外労働の対価であることがわかるようにされていなければなりません。結果として、何時間分の時間外労働に対する手当であるかが明らかとなるため、その時間数を超過して時間外労働をしている場合には、超過分の時間外手当を支給する必要があります。

　4については、土日の休日のうち日曜日を法定休日と定めているため、労基法上の休日労働となるのは日曜日に働いた場合のみとなります。土曜日は法定外休日ですので、通常の賃金は発生しますが休日割増賃金は発生しません（ただし、土曜日の労働の結果として週労働時間が40時間を超えた場合には、超過分に時間外割増賃金が発生します）。

Q86 休日について、正しいものをひとつ選びなさい。

【正解率64%】

1　祝祭日は休日としなければならない。

2　休日は週に2回与えなければならない。

3　4週間を通じて4日以上の休日を与えれば、毎週休日を与える必要はない。

4　就業規則等でいったん特定した休日は他の日に振り替えることはできない。

Q87 労働基準法上の年次有給休暇 (年休) について、誤っているものをひとつ選びなさい。

【正解率57%】

1　使用者は、年10日以上の年休が付与される労働者に、年5日の年休を取得させなければならない。

2　週2日のパートタイム労働者であっても、条件を満たせば年休は付与される。

3　労働者が年休を申請した場合、使用者はこれを拒否することができない。

4　使用者は、過半数代表者または過半数組合との間の協定により、年5日を上限に、年休を時間単位で与えることができる。

A86　正解は3

　わが国では、土日の週休2日に加え、祝日を休日とする企業が多いですが、労基法35条1項は、毎週少なくとも1回の休日を与えなければならない、とするにとどまっていますので、1と2はともに誤りです。また、同条2項は、使用者が4週間を通じ4日以上の休日を与える場合には、この週休1日の原則は適用しないと定めていますので、3は正しいです。

　休日に労働させるかわりに、あらかじめ他の労働日を休日に指定することで、休日の振替を行うことは可能ですので、4は誤りです。ただし、あらかじめ振替先を指定しないで休日に労働させ、あとになって代休日を与えた場合には、適法に休日振替を行ったことにはなりませんので、休日労働に対する割増賃金の支払いが必要です。

A87　正解は3

　いずれも労基法上の年休に関する理解を問うものです。1は、働き方改革の関係で新たに設けられた、使用者の年休付与義務に関するものです。2は、通常の労働者より労働日数が少ない労働者であっても、その日数に比例して付与されることの理解を問うものです。3は、使用者は年休の請求が事業の正常な運営を妨げる場合にはこれを拒否できるという、時季変更権の理解を問うものであり、誤りです。4は、時間単位の年休取得の理解を問うものです。約3割の方が誤りとして選んでいましたが、条文のとおりの正しい選択肢です。

Q88 年休の取得について、正しいものをひとつ選びなさい。
【正解率97%】

1 使用者は、労働者が年休を取得したことによって、不利益に取り扱ってはならない。
2 年休の権利は、労働者が申請しても、会社が承諾するまでは発生しない。
3 年休の権利は、付与された年度内に取得しなければ消滅する。
4 使用者は、労働者に年休の利用目的を確認しなければならない。

Q89 次の事由による労働者の休業のうち、労働基準法26条の休業手当の支払いが不要とされるものをすべて選びなさい。
【正解率55%】

1 資材の欠乏により、仕事量が減少した。
2 天災地変により、事業所が倒壊した。
3 顧客の減少により、営業を自粛した。
4 労働者の私傷病により、出勤できない状態となった。

A88　正解は1

　労働者は、一方的な意思表示によって年休権を行使することができ、それに対し使用者は、事業に支障が出る場合にかぎり時季変更権を行使することができます。また年休取得を不当に抑制することがないよう、使用者には不利益取扱いをしないよう努力する義務が課されています（労基附則136条）。

　なお、年休権は労基法115条により2年間で権利を行使しないときは消滅すると解釈されています。

A89　正解は2、4

　労基法26条は、「使用者の責に帰すべき事由」（帰責事由）による休業の場合、使用者は労働者に平均賃金の60％以上の手当（休業手当）を支払う義務があるとしています。労基法26条の帰責事由は、経営障害を含む概念とされており、資材の欠乏による仕事量の減少も帰責事由に含みます。他方、天災地変は不可抗力であり、使用者の帰責事由は否定されます。顧客減少は経営障害の一要因であり、営業自粛は経営判断として営業を停止したと見られるため、帰責事由は否定されません。労働者の私傷病による欠勤は、労働者側の事情によるものですから、帰責事由は否定されます。

3 労災

Q90 労災補償について、誤っているものをひとつ選びなさい。

1 労災認定を受けた場合、使用者の承諾がなくても労災保険給付を受けることができる。

2 労働者が死亡した場合、遺族は遺族補償給付と葬祭料を受け取ることができる。

3 労災事故が発生した場合、まず使用者には労基法上の災害補償責任の履行が求められる。

4 通勤途中に交通事故でケガをした場合、通勤災害の認定を受けることができる。

Q91 次のうち、過労死の判断にあたって、業務と過労死の原因となる疾病の発症との関連性が強いとされる場合をすべて選びなさい。 【正解率55%】

1 発症前6か月から12か月の残業が、1か月あたりおおむね50時間を超える場合。

2 発症前2か月から6か月の残業が、1か月あたりおおむね80時間を超える場合。

3 発症前1か月の残業がおおむね100時間を超える場合。

4 発症直前から前日に、異常なできごとがあった場合。

A90　正解は3

　1については、労災認定には使用者の承諾は必要ありません。

　2については、労働者が死亡した場合、残された遺族に対しては遺族補償給付（遺族特別支給金も含む）、葬祭料が支給されます。

　3については、労災事故が発生した場合、労基法上の災害補償と労災法の労災保険給付とが用意されていますが、労基法に基づく災害補償責任の履行を優先することは求められていませんので、誤りです。

　4については、通勤途中の交通事故について通勤災害認定を受ければ、療養給付など一定の給付を受けることができます。

A91　正解は2、3、4

　長時間労働が常態化すると、それによって脳・心疾患が発症する危険性が高くなります。厚生労働省は、「発症前1か月間におおむね100時間又は発症前2か月間ないし6か月間にわたって、1か月当たりおおむね80時間を超える時間外労働が認められる場合は、業務と発症との関連性が強いと評価できる」との通達（平13.12.12基発1063号）を行っており、これは俗に「過労死ライン」とも呼ばれています。

Q92 過労死・過労自殺について、正しいものをひとつ選びなさい。 【正解率95%】

1 心臓に基礎疾患があった労働者が、働き過ぎた後に心筋梗塞により死亡した場合、労災認定がされることはない。
2 過労死とは、過重労働によって精神障害が発生し、自殺する場合のみをいう。
3 過労死の労災認定にあたっては、発症前の一定期間の時間外労働の時間の長短が判断要素のひとつとなる。
4 業務と無関係に労働者が自殺をした場合であっても、労災認定がされることがある。

Q93 労災が発生した場合の労働者の請求について、正しいものをひとつ選びなさい。

1 労災保険給付では、労働者に落ち度がある場合に過失相殺をされることがある。
2 労災保険給付として、慰謝料に相当する給付がされることがある。
3 労働者は、損害賠償として、慰謝料の請求をすることができる。
4 損害賠償請求では、労働者に落ち度がある場合でも過失相殺されない。

A92　正解は3

　1については、基礎疾患があっても労災認定がされる場合があります
ので誤りです。

　2については、過労死とは、過重労働により脳・心臓疾患が発生して
死亡した場合をいうものであり、一応過労自殺とは区別されています。

　3については、前問で解説したとおり、時間外労働の時間の長短は重
要となります。

　4については、業務と無関係の自殺は、労災認定されません。

A93　正解は3

　使用者に落ち度のある労災が発生したとき、労働者は、労災補償制度
と民事上の損害賠償制度によって保護されます。ただし、労災補償制度
は、労災によって労働者に生じた損害のうち一部を簡易迅速に補償する
ことを目的としますので、両制度には次のような相違点があります。

　まず、損害賠償制度では、労働者は使用者に対して慰謝料を請求する
ことが可能ですが、労災補償制度では、慰謝料に相当する補償や給付は
設けられていません。また、労働者に落ち度がある場合、損害賠償制度
では過失相殺がされますが（民法418条、722条2項）、労災補償制度では過
失相殺はされません。このため、3が正しい選択肢となります。

IV

雇用終了

時間外労働規制のあり方

　時間外労働の限度時間については、厚生労働大臣が基準を定めることとされ（旧労基法36条2項）、いわゆる「限度基準告示」として、月45時間、年360時間などといった限度時間が設けられていました（平10労告154）。しかし、「特別条項付き36協定」を結ぶことにより、限度時間を超えることを許容する「特別延長時間」の取扱いがあり、さらには違反しても罰則がなかったことから強制力に乏しく、特別条項を濫用的に利用すれば限度基準を超えて上限なく時間外労働をさせることが可能となってしまうことが問題とされていました。そこで、働き方改革法に基づく労基法36条の改正により、36協定で定めなければならない事項が整理・追加され（改正労基法36条2項）、時間外労働の上限規制が全面的に見直されました。

　また、恒常的な時間外労働は、労働者の健康を害するとともに、適正な労働時間の把握・管理がなされないといわゆるサービス残業を横行させる結果となります。これまで、労働時間を適正に把握管理すべき義務について法律上の直接の根拠規定がなく、通達（平29.1.20基発0120第3号「労働時間の適正な把握のために使用者が講ずべき措置に関するガイドライン」）を根拠として、使用者は労働時間把握義務を負うと考えられてきました。働き方改革法に基づく安衛法改正によって、2019年4月1日から、産業医による面接指導の前提として、事業者は、厚生労働省令で定める方法により、労働者（高度プロフェッショナル制度の対象者を除く）の労働時間の状況を把握しなければならない（改正安衛法66条の8の3）と定められ、使用者の労働時間把握が法律上の義務となりました。

　このような法改正は行われましたが、仏作って魂入れずとならないためには、働く者一人ひとりが自分自身や他人の働き方について関心を持ち、より良い働き方とは何かを考えて議論することが何よりも重要でしょう。

［淺野高宏］

1 懲戒

Q94 懲戒について、誤っているものをひとつ選びなさい。

【正解率82%】

1　就業規則に懲戒の定めがあっても、周知されていなければ、懲戒処分はできない。

2　懲戒解雇であっても、退職金が支払われる場合がある。

3　私生活上の行為を就業規則の懲戒事由として定めても、プライバシー権の侵害になるため、懲戒処分はできない。

4　降格は、人事権の行使として行う場合と、懲戒処分として行う場合とがある。

Q95 懲戒の種類について、正しいものをひとつ選びなさい。

【正解率79%】

1　譴責・戒告は、労働条件に何らの影響も及ぼさない。

2　出勤停止は業務命令なので、出勤停止期間中の賃金は発生する。

3　懲戒解雇も解雇なので、解雇予告手当の支払いが必要である。

4　減給の割合については、労基法で上限の定めがある。

Q96 次の行為のうち、一般に懲戒事由とされるものをすべて選びなさい。

1　無断欠勤を繰り返す。

2　大卒なのに高卒と偽って、高卒者対象の求人で採用される。

3　社内でセクハラ行為をする。

4　社外で痴漢行為をする。

A94　正解は3

　1については、就業規則は周知されていないと効力がありません（労契法7条本文、10条本文）ので、この場合懲戒処分はできません。2については、懲戒解雇であっても就業規則の規定や運用によって退職金が一部または全部支払われる場合があります。3については、私生活上の行為が業務に直接関係する場合などには懲戒処分は可能とされています。4については、人事権の行使と懲戒処分の両方があり得ます。

A95　正解は4

　4については、労基法91条が減給の上限を定めています。1については、譴責・戒告はその後の査定に影響を与える可能性があるため、労働条件に影響しないとはいえません。2については、出勤停止は懲戒処分としてなされる場合があり、その場合通常就業規則で賃金は発生しないものとされています。3については、労基署の認定を受ければ、使用者は、懲戒解雇をする際に解雇予告手当を支払わなくてもよいといえます。

A96　正解は1～4すべて

　一般的には、すべて懲戒事由となります。1、3については、ともに企業秩序違反の行為といえます。2については、経歴詐称が問題となっていますが、経歴を高く詐称する場合だけではなく、低く詐称する場合も懲戒処分の対象となります。4については、私生活上の行為ではありますが、会社の社会的評価を低くした場合として、懲戒処分の対象になるといえます。

Q97 　懲戒について、誤っているものをすべて選びなさい。

【正解率38%】

1　懲戒としての出勤停止とは、一定期間出勤させず、その間の賃金は支払わないという処分をいう。

2　使用者は、就業規則でその旨の定めをすれば、月給の2割相当の減給処分をすることも許される。

3　諭旨解雇とは、使用者が労働者に退職を勧告し、本人の願い出による形で退職をさせる処分をいう。

4　使用者は、労働者が交通法規に違反した場合であれば、使用者の名誉、信用を侵害するおそれがなくても、懲戒解雇をすることができる。

IV

Q98 　懲戒処分について、正しいものをひとつ選びなさい。

【正解率78%】

1　使用者は、就業規則でその旨の定めをすれば、月給の2割相当の減給処分をすることが許される。

2　実質的に企業秩序を乱すおそれがない場合であっても、懲戒事由に該当する行為があれば懲戒処分をすることができる。

3　就業規則に懲戒の種別および事由を定めておかなくても、使用者は自由に懲戒処分をすることができる。

4　過去の処分例と比較して著しく均衡を欠いた懲戒処分は、権利濫用として無効となる。

A97　正解は2、4

　懲戒としての減給処分については、労基法91条が、１日の半額あるいは１賃金支払期の10分の１を超えて減給してはならないこととなっているため、月給の２割相当の減給は無効となります。また、労働者が交通法規に違反した場合であっても、その具体的な交通法規違反行為や、使用者に与えた影響の有無や程度等の事情から有効性が判断されます。少なくとも、使用者の名誉・信用を侵害するおそれがない場合には、懲戒解雇はできません。

A98　正解は4

　１については、労基法91条が減給の上限を定めており、これを上回る２割相当の減給は無効となります。２については、実質的に企業秩序を乱すおそれがないのであれば、そもそも懲戒事由に該当しない行為といえますので、懲戒処分はできません。３については、就業規則などに懲戒の種別、事由を定めなければ、懲戒処分はできません。４については、懲戒処分には平等取扱いの原則が課されていますので、正しいです。

Q99 次のうち、懲戒権濫用法理により処分が無効とされるものをすべて選びなさい（ただし、懲戒の種類および事由については、あらかじめ規則の定めがあるものとします）。　【正解率81%】

1　以前、経歴詐称をした労働者に出勤停止処分を科した会社で、同一内容の経歴詐称をした別の労働者に対する懲戒解雇。

2　遅刻を1回した労働者に対する懲戒解雇。

3　セクハラ行為をしたとされる労働者に対して、被害者側の言い分だけをもとに行なわれた懲戒処分。

4　1億円を横領した労働者に対して、さしあたり自宅待機を命じたあとに行なわれた懲戒解雇。

IV

A99　正解は1、2、3

　懲戒処分が有効かどうかの判断基準として、①非違行為と処分の重さのバランスがとれているか、②以前の同等の非違行為と比べて処分が重すぎないか、③弁明の機会の付与など懲戒の手続が適正に行なわれているかなどが挙げられ、これらの観点から、1〜3は無効といえます。他方で、4については、自宅待機命令は懲戒処分ではなく業務命令といえますので、いわゆる二重処分の問題とはならず、その後の懲戒解雇は有効といえます。

2 退職のパターンと
解雇の規制

Q100 雇用終了について、正しいものをひとつ選びなさい。
【正解率80%】

1　退職の主要なパターンには辞職と合意解約とがあるが、それらを区別する実益はない。

2　労働者は、辞職の意思表示をし、それが社長に到達した場合、これを撤回することはできない。

3　労働者と社長が口論となり、それぞれ感情的になって、「こんな会社辞めてやる！」、「では、もう会社に出社するな！」と述べた場合、雇用契約は終了する。

4　労働者が辞職をするには、正当な理由が必要である。

Q101 解雇について、正しいものをすべて選びなさい。
【正解率64%】

1　労働者が解雇された後は、その解雇の効力にかかわらず、賃金の請求をすることはできない。

2　労働者を解雇する場合、原則として、少なくとも30日前にその予告をするか、30日分以上の平均賃金を支払わなければならない。

3　勤務成績が著しく低い労働者であっても、使用者が、教育訓練や研修、適切な注意指導をしないで解雇をすることは許されない。

4　女性労働者が妊娠したことを理由として解雇することは許されない。

A100　正解は2

1については、退職はそのパターンによって効果の発生時期、撤回などのルールに違いがあることから、それらの区別は重要といえます。2については、辞職が会社の責任者にまで到達した場合には、撤回できなくなります。3については、労働者の「辞めてやる！」という言葉に法的効果を認めることはできませんので、退職の効果は発生しないと考えるべきでしょう。4については、労働者が辞職する際には正当な理由は必要ありません。

A101　正解は2、3、4

1については、解雇が無効である場合は、解雇以降の賃金を請求できますので、誤りです。2は、解雇予告制度について定める労基法20条の内容であり、正しいです。3については、解雇は最後の手段であるため、解雇権濫用法理により、勤務成績が著しく低い労働者については、使用者が教育、注意等をしないで解雇することは許されません。4については、女性の婚姻、妊娠、出産等を理由とする解雇は許されません（均等法9条）。

Q102 解雇について、正しいものをすべて選びなさい。
【正解率64%】

1 就業規則がない会社は、労働者を解雇することができない。

2 使用者が労働者を解雇しようとする場合には、原則として30日前に予告をするか、30日分以上の平均賃金を支払わなければならない。

3 使用者は、組合活動をしたことを理由として、労働者を解雇することはできない。

4 産前産後休業中の労働者に対しては、どんなに重大な問題があったとしても、解雇することができない。

Q103 解雇について、誤っているものをひとつ選びなさい。
【正解率74%】

1 解雇権濫用法理は、最高裁判例が定式化し、現在では労契法で定められている。

2 使用者による解雇が無効である場合、労働者としての地位の確認請求が認められる。

3 使用者が解雇する場合、原則として、少なくとも30日前にその予告をするか、30日分以上の平均賃金を支払わなければならない。

4 使用者が解雇する場合、労働者の意向にかかわらず、解雇の理由を記載した証明書を交付しなければならない。

Q104 次のうち、法によって禁止されている解雇をすべて選びなさい。
【正解率75%】

1 女性であることを理由とする解雇。

2 労働組合の組合員であることを理由とする解雇。

3 産前産後で休んでいる労働者に対する解雇。

4 私傷病で長期間休んでいる労働者に対する解雇。

A102　正解は2、3、4

　1については、就業規則がない会社であっても、解雇自体は可能です。2については、労基法20条の解雇予告制度の内容となります。3については、労組法7条1号は、正当な組合活動をしたことを理由とする解雇を含む不利益取扱いを禁止しています。4については、労基法19条により、産前産後の休業中の労働者を解雇することは禁止されています。

A103　正解は4

　1は労契法16条、3は労基法20条に定めがあります。2は、解雇が無効である場合には、従業員としての地位確認のほか、解雇後の賃金請求も認められます。4は、労基法22条は、証明書の記載事項として、使用期間・業務の種類・地位・賃金・退職の事由（または解雇の理由）を挙げていますが、これらを全て記載するわけではなく、労働者が請求しない事項を記載してはいけません。

A104　正解は1、2、3

　法は、特に弱い立場にある労働者を保護するため、解雇が禁止される場面を特別に定めており、そのような労働者に対する解雇は無効となります。具体的には、女性であることを理由とする解雇（選択肢1・均等法6条4号）、労働組合員であることを理由とする解雇（選択肢2・労組法7条1号）、業務上の疾病や産前産後で休業中の場合の解雇（選択肢3・労基法19条）などが禁止されています。他方で、私傷病（業務外の疾病）で就業できないことを理由とする解雇（選択肢4）は禁止されていません。

Q105 解雇権濫用法理について、正しいものをひとつ選びなさい。

【正解率98%】

1 　使用者は、何度注意しても他の従業員らとトラブルを繰り返して、事業の遂行に支障を与える労働者を解雇することができる。

2 　パートタイム労働者であれば、自由に解雇することができる。

3 　使用者は、個人的に好まない労働者を解雇することができる。

4 　労働者の職務能力が使用者の求めるレベルに遠く及ばない場合、使用者は、指導・助言をすることなく労働者を解雇することができる。

IV

Q106 辞職について、正しいものをひとつ選びなさい。

【正解率63%】

1 　契約期間途中の辞職について就業規則で違約金の定めがある場合には、違約金を支払わなければならない。

2 　辞職の意思表示があった場合でも、繁忙期であれば、使用者は労働者の意思に反して労働を強制することも許される。

3 　使用者の承諾がないかぎり、労働契約を終了することはできない。

4 　期間の定めのない労働契約の場合、辞職を申し出たときは2週間で契約が終了する。

A105　正解は1

　解雇権濫用法理（労契法16条）によると、解雇が有効と判断されるためには、客観的に合理的な理由があり、社会通念上相当であると認められることが必要ですので、1は正しいです。他方で、2、3が誤りであることは明らかです。4については、能力不足を理由として解雇をする場合は、労働能力が著しく低いことに加え、労働者に改善の機会を与えること等の事情があれば、合理的な理由があるとされますので、誤りです。

A106　正解は4

　1や3を選択した人が多かったです。労基法16条は、「使用者は、労働契約の不履行について違約金を定め、又は損害賠償額を予定する契約をしてはならない。」と定めています。労働者の意思に反して労働を強制することがないようにするためです。したがって、1は誤りです。

　使用者の承諾がなくとも、労働者は一方的な意思表示により、労働契約を終了することができます。これを辞職といいます。したがって、3は誤りです。

　期間の定めのない労働契約の場合、辞職については解約の申入れの日から2週間を経過することによって終了します（民法627条）。4は正しいです。

Q107 労働契約の終了について、正しいものをひとつ選びなさい。 【正解率76%】

1 使用者が、解雇にあたって合理的な賃金補償をした場合、当該解雇は解雇権濫用法理の例外として必ず有効となる。

2 勤務成績が著しく低い労働者に対してであれば、使用者が、教育訓練や研修、適切な注意指導をしないで解雇をしても有効である。

3 30日前に予告して行なった解雇は、労働者に十分転職をする機会を付与したといえるため、常に有効である。

4 重大な取引の失敗を理由として、労働者が責任をとる趣旨で、自主的に退職届を社長に提出した場合には、その後撤回できない。

Q108 労働契約の終了について、正しいものをすべて選びなさい。 【正解率48%】

1 使用者は、高年齢者の雇用の促進や安定のために、定年年齢を65歳までに引き上げるか、定年制を廃止するかのいずれかを行わなければならない。

2 期間の定めのない労働契約について、労働者は、原則として2週間前に予告をすることによって辞職することができる。

3 期間の定めのある労働契約については、やむを得ない事由がなければ、期間中に解雇することはできない。

4 解雇は、客観的に合理的理由を欠き、社会通念上相当であると認められない場合は、無効とされる。

A107　正解は4

　1、3については、賃金補償や解雇予告を行なったとしても、解雇権濫用法理の適用を受けますので、必ず有効になるわけではありません。2については、労働者に改善の余地を与えずに解雇を行なっており、解雇権の濫用にあたると評価されます。4については、労働者の退職の意思は固いといえ、辞職の意思表示と評価でき、使用者に到達した時点で効力が発生しますので、その後撤回はできません。

A108　正解は2、3、4

　労働契約の終了の意思表示が労働者側から行われた場合を「辞職」（自主退職）、使用者側から行われた場合を「解雇」と呼びます。辞職は労働者の自由ですが、解雇は無制限に行うことはできません。また、辞職も解雇も、期間の定めのある労働契約の途中で一方的に行うことはできません。なお、高齢者の雇用確保措置としては、定年の引上げや廃止のほかにも、65歳までの継続雇用制度の導入という手段があります。

3 有期労働契約と雇止め

Q109 有期労働契約の終了について、正しいものをひとつ選びなさい。 【正解率83%】

1 使用者が労働者に対して行った、「契約期間の設定は形式的なものであり、今後も契約を更新する」旨の口約束は、法的な保護に値する。

2 期間の定めは、労使両当事者が合意して定めたものであるから、労働者も使用者も、いかなる理由があっても有期労働契約を期間の途中で解除することはできない。

3 使用者は、有期労働契約を締結した労働者との間で、その契約を更新することはできない。

4 有期労働契約が何度更新されても、期間の定めのない契約に転換することはない。

Q110 有期労働契約について、誤っているものをひとつ選びなさい。 【正解率80%】

1 契約期間途中の解雇は、やむを得ない事由がなければ許されない。

2 有期労働契約を締結する際の契約期間は、原則5年以下でなければならない。

3 使用者は、必要以上に短い期間を定めて有期労働契約を反復更新することがないように配慮しなければならない。

4 有期労働契約が繰り返し更新されて通算5年を超えたときには、労働者の申込みにより、期間の定めのない労働契約に転換することができる。

A109　正解は1

　1については、労働者に契約更新への期待が生じている場合には、労働者から契約更新を申し込まれた使用者は、客観的に合理的な理由なく、また社会通念上相当とはいえない更新拒絶をすることはできません。2については、有期労働契約を期間途中で解除するにはやむを得ない事由が必要です（民法628条）。4については、有期労働契約が反復更新されて通算5年を超えると、労働者の申込みによって無期労働契約に転換される規定が導入されています。

A110　正解は2

　1については、労契法17条1項が定める内容であり、契約期間途中の解雇は厳しく制限されています。2については、労基法14条が契約期間の上限は原則として3年とすることを定めています。他方、契約期間には下限はありません。3については、労契法17条2項が、使用者の配慮義務を定めています。4については、同法18条が、契約期間が通算5年を超えた場合の無期転換申込権について定めています。

Q111 有期労働契約について、誤っているものをすべて選びなさい。

【正解率46%】

1　有期労働契約の期間の上限は、原則として5年間と定められている。

2　労働者が有期労働契約の契約期間満了時にその契約更新を期待することに合理的な理由がある場合、雇止めに解雇権濫用法理が類推適用される。

3　使用者は、有期労働契約の労働条件を、期間の定めがあることにより、無期労働契約の労働条件との間で不合理な差を設けてはならない。

4　有期労働契約が無期労働契約へ転換するための契約期間は、空白期間があっても通算される。

IV

A111　正解は1、4

　期間の上限は原則として3年間と定められていること（労基法14条1項）、無期労働契約へ転換するための契約期間の通算にあたっては、6か月以上の空白期間があればリセットされること（労契法18条2項）から、1・4が誤りです。2は労契法19条2号、3はパート有期法8条（旧労契法20条）が定めており、正しいです。

4 整理解雇

Q112 整理解雇について、誤っているものをひとつ選びなさい。
【正解率84%】

1 整理解雇をする際には、整理解雇である旨を明らかにすることで、解雇予告手当の支払いが免除される。

2 整理解雇を行うにあたって、使用者は、その経緯等を労働組合や労働者に対して説明し、納得を得られるよう努力しなければならない。

3 使用者は、整理解雇を回避するよう努力しなければならない。

4 組合員のみを対象とした整理解雇は無効である。

Q113 整理解雇について、正しいものをひとつ選びなさい。
【正解率89%】

1 労働協約に整理解雇を行うにあたっての事前協議をする条項がない場合、使用者に、労働組合に説明、協議をする義務はない。

2 整理解雇を行う一方で大量の新規採用を予定している場合、人員削減の必要性は認められない。

3 上司との相性を整理解雇の選定基準とすることは、合理的である。

4 整理解雇を行う際には、必ず再就職のあっせんをしなければならない。

A112　正解は1

　1については、整理解雇であることを理由として、解雇予告または解雇予告手当の支払いが免除されるわけではありません。また、整理解雇の有効性は、人員削減の必要性、整理解雇の回避努力義務、整理解雇・選定の合理性、労使交渉等の手続の合理性から判断され、これを「整理解雇の4要件（または4要素。以下同じ）」といいます。2～4は、この4要件に関するものであり、いずれも正しいといえます。

A113　正解は2

　整理解雇の4要件は前問で紹介したとおりです。1は手続の合理性の問題ですが、労働協約に定めがなくても労働組合と協議を行うべきだと考えられています。2は、明らかに人員削減の必要がないうえ、解雇回避努力も果たしていないといえます。3は、人選基準は客観的かつ合理的なものでなければなりません。4は、解雇回避努力の一内容ではありますが、必ず行わなければいけないものではありません。

Q114 整理解雇について、誤っているものをひとつ選びなさい。　【正解率88%】

1　整理解雇を行うには、人員削減をする必要性がなければならない。

2　整理解雇は、労働者側の事情による解雇よりも厳しく制約されている。

3　被解雇者の選定にあたって、協調性の欠如という選定基準は合理的である。

4　整理解雇を行うにあたって、使用者は、その経緯等を労働組合や労働者に対して説明し、納得を得られるよう努力しなければならない。

Q115 次の整理解雇のうち、４要件（4要素）を満たさないものをすべて選びなさい。　【正解率82%】

1　新規採用をする一方で行われる整理解雇

2　組合員のみを対象に行われる整理解雇

3　労働者に対して十二分に説明を尽くして行われる整理解雇

4　整理解雇しなければ倒産するほどの状態で行われる整理解雇

A114　正解は3

　整理解雇は、使用者側の事情によって労働契約を終了させるものですので、その有効性は、人員削減の必要性、解雇回避努力義務の履行、被解雇者選定の合理性、手続の妥当性という4つの要件から厳しく判断されます。よって、1、2、4は正しいです。これに対し、「協調性の欠如」という人選基準は、抽象的で使用者の主観的判断が介在しやすく、合理的とはいえませんので、3が誤りとなります。

A115　正解は1、2

　1については、整理解雇の回避努力義務を果たしたとはいえず、2については、整理解雇・選定の合理性の観点から問題があります。3については、労使交渉等の手続の合理性を満たしているといえます。4については、人員削減の必要性の問題ですが、倒産するほどの切迫している状況までは不要とされています。

労働組合

無期転換ルールの平成30年問題その後

　平成元年には２割弱であった非正規労働者の割合は年々増加し、平成30年には38.3％を占めるに至りました。そして、非正規労働者の大部分を占める契約社員、パート、アルバイトの契約期間は１年以下が大半です。慢性的な人手不足感の強まりにより、高齢者の雇用促進が広がっていることも、この非正規率の高止まりのひとつの要因となっています。

　平成25年４月の労契法改正により新設された有期契約労働者の無期転換制度は、契約更新が繰り返されて５年を超えた場合、無期労働契約への転換が可能となるものです。この期間は、平成25年４月１日以降の有期労働契約の締結日からカウントされるため、基本的には、平成30年４月１日以降に無期転換をした労働者が現れることとなります。これが、俗に「平成30年問題」といわれるものでした。

　各企業の無期転換ルールに対する姿勢は様々なものといえます。消極的な企業は、無期転換権の行使によって人件費の固定化が生ずることを回避すべく、５年を超える更新を認めず、有期契約労働者の雇止めをしています。他方で、これに積極的な企業は、無期転換をすることができる期間を５年よりも短縮したり、無期転換にとどまらず正社員への登用制度を整備したりしています。特に人手不足が問題となっている業種では、無期転換または正社員化による人材の囲い込みの必要性が指摘されています。

　平成25年の労契法改正は、非正規労働者の保護を目指すものでした。無期転換制度によって雇用の安定は一定程度確保されますが、無期転換後の労働条件は必ずしも正社員と同じになるわけではありません。平成30年に成立した働き方改革法においては、非正規労働者の均衡待遇の実現を図るための規定が整理されました。今後は、正規労働者と非正規労働者の労働条件の格差の是正問題が、注目されることとなるでしょう。

［開本英幸］

1 労働組合の役割

Q116 労働組合の結成について、正しいものをひとつ選びなさい。
【正解率78%】

1 労働組合の結成には、使用者の許可は不要である。

2 労働組合は、正規労働者と非正規労働者とを区別して組織しなければならない。

3 労働委員会による資格審査を経なければ、労働組合としての活動ができない。

4 労働組合を結成したときは、労働基準監督署に通知しなければならない。

Q117 労働組合について、正しいものをひとつ選びなさい。
【正解率57%】

1 非正規従業員は、労働組合を結成できない。

2 労働組合は、政治活動ができない。

3 ユニオン・ショップ協定があれば、少数組合であっても組合加入を強制できる。

4 労働組合は、組合員に対して、正当な争議行為への参加を義務づけることができる。

A116　正解は1

　組合は、自主的に、非正規労働者や企業外部の労働者も参加して、結成できます。使用者がそれに関与すると不当労働行為とされ、また、組織形態は企業別に限定されません。

　また、組合は自由設立主義なので、使用者の許可も、特段の届出も必要ありません。

A117　正解は4

　非正規労働者でも組合の結成はできます。また、組合は政治活動ができ、争議参加を組合員に義務づけることもできます。さらに、労使間の労働協約によるユニオン・ショップに基づいて、組合加入を強制することもできます。ただ、職場の過半数組合であることが必要であり、少数組合はユニオン・ショップ協定を締結できません（労組法7条1号ただし書）。

Q118 ユニオン・ショップ協定について、誤っているものをひとつ選びなさい。　【正解率76%】

1　従業員の過半数を組織している労働組合でなければ、ユニオン・ショップ協定を締結することはできない。

2　ユニオン・ショップ協定組合を脱退して別組合に加入した労働者に対する解雇は許されない。

3　従業員の過半数を組織した労働組合は、必ずユニオン・ショップ協定を締結しなければならない。

4　労働組合からの除名が無効になると、ユニオン・ショップ協定にもとづく解雇も無効となる。

Q119 組合員の権利と義務について、誤っているものをすべて選びなさい。　【正解率58%】

1　労働組合は、組合員に対して、特定の政党を支援するための臨時組合費の納入を義務づけることができる。

2　労働組合と組合員との間の権利義務については、就業規則で定めることになっている。

3　組合員は、労働組合の統制に服する義務がある。

4　組合員は、組合活動に平等に参加し、組合役員選挙に関与する権利を有する。

A118　正解は3

　ユニオン・ショップ協定の締結は労使の合意によります。また、1は労組法7条1号ただし書に規定され、2（三井倉庫港運事件・最一小判平1.12.14）および4（日本食塩製造事件・最二小判昭50.4.25）についてはその旨の最高裁判例があります。

A119　正解は1、2

　1、2に加えて3も選択した人が多かったです。特定の政党を支援するための臨時組合費の納入を義務付けることは、組合員個人の政治的自由を大きく制約するため許されない、とするのが判例の立場です。したがって、1は誤りです。

　労働組合と組合員との間の権利義務は組合規約により定められます。したがって、2は誤りです。

　組合活動の活性化と組織維持の観点から、組合には統制権があると考えられており、組合員はこれに服する義務があります。したがって、3は正しいです。

　組合民主主義の観点から、組合員は組合活動に平等に参加し、組合役員選挙に関与する権利を有しています。したがって、4は正しいです。

Q120 組合費の納入義務について、正しいものをひとつ選びなさい。 【正解率23%】

1　政治目的であっても任意であれば組合費を徴収できる。

2　震災被害者支援のための組合費を強制徴収することはできない。

3　組合規約に根拠がなくても、臨時組合費を強制徴収することができる。

4　組合費の未納は統制処分事由にあたらない。

Q121 チェックオフについて、正しいものをひとつ選びなさい。 【正解率69%】

1　チェックオフをするためには、個別組合員の意思は重視されない。

2　チェックオフとは、組合活動に関する調査（チェック）を禁止する内容の取り決めである。

3　組合併存状態になると、チェックオフは許されない。

4　チェックオフをするためには、労働協約でその旨定める必要がある。

Q122 労働組合の統制処分について、正しいものをひとつ選びなさい。 【正解率58%】

1　執行部批判を理由とする統制処分を自由にできる。

2　争議行為に参加しないことを理由とする統制処分はできない。

3　特定の政治活動をしないことを理由に統制処分ができる。

4　統制処分の態様として、戒告、権利停止、除名等がある。

A120　正解は1

　組合費の納入については、組合規約に根拠が必要です。また、組合費不払いについては、その支払いを法的に請求することができるとともに統制処分事由にもなります。組合費の納入義務については国労広島地本事件（最三小判昭50.11.28）が重要です。そこでは多様な目的をもった臨時組合費の納入義務の有無が争われています。基本的な立場は、組合活動の範囲を広く認め、政治目的であっても「任意」の場合は徴収を、また他組合支援については強制徴収を認めています。他方、政治的な事項については個々の組合員の自由を侵害するとして強制徴収は認めていません。なお、水俣病患者支援についても強制徴収が認められています。

A121　正解は4

　チェックオフとは使用者が賃金から組合費を控除して組合に支払うものです。その実施のためにはチェックオフ協定と個々の組合員の使用者に対する支払い委任が必要とされるので、4が正しい説明です。組合併存状態であっても過半数組合のチェックオフ協定は労基法24条の協定ともみなしうるのでチェックオフは許されます。

A122　正解は4

　労働組合は、組合員に対し、組合規約に基づいて除名等の統制処分ができます。しかし、組合民主主義や適正手続の要請等から、一定の制約があります。執行部批判の自由は組合民主主義の要なので、相当な理由がなければ統制処分はできません。また、個々の組合員には政治的自由が認められているので、政治活動をしないことを理由に統制処分はできません。一方、組合には争議権が認められているので、それへの参加を組合員に対し義務づけることができます。

2 不当労働行為の禁止

Q123 次の使用者の行為のうち、不当労働行為とみなされないものをひとつ選びなさい。 【正解率55%】

1　過労死になりそうな長時間労働

2　組合加入を理由とする出向命令

3　企業外組織であるコミュニティ・ユニオンであることを理由とする団交拒否

4　会社に苦情を言った組合員に対する処分

Q124 組合員に対する次の使用者の行為のうち、不利益性があるものをすべて選びなさい。 【正解率61%】

1　始末書を提出させること。　　2　宴会に参加させないこと。

3　社宅の利用を拒否すること。　　4　研修に参加させないこと。

Q125 労働組合の結成過程でなされた次の使用者の行為のうち、不当労働行為とみなされるものをすべて選びなさい。 【正解率52%】

1　組合結成の動きがあるかを調査すること。

2　別組合を結成する動きを支援すること。

3　労働者の不満を解消するために賃上げをすること。

4　組合結成のリーダーと思われる者を転勤させること。

A123　正解は1

　不当労働行為は、組合活動や組合員であることを理由とする不利益取扱いや、組合活動に対する支配介入等の行為です。2は組合加入、4は組合員であることを理由とする不利益取扱いとみなされます。また、3のコミュニティ・ユニオンとの団交拒否も、当該組合に従業員が加入している限り不当労働行為とみなされます。他方、1は会社の「不当な行為」といえますが、組合員であることや組合活動を理由としていないので、不当労働行為とはみなされません。

A124　正解は1〜4すべて

　これらの行為自体が不当労働行為にあたるかではなく、不利益性があるかを問う問題ですので、すべての行為に不利益性があるといえます。不当労働行為として禁止される不利益取扱いは処遇や福利上の行為も含みます。これを使用者が組合員に対してのみ行なうのであれば、不当労働行為にあたる可能性が出てきます。

A125　正解は1、2、4

　2、4と正解された方が多数いましたが、1も不当労働行為に該当します。使用者が調査を行なうことによって、組合の結成に対する不当な干渉となり得るため、支配介入の不当労働行為とみなすことができます。
　3は、不当労働行為に当たりませんが、団交の最中になされると不当労働行為と解される余地があります。

Q126 次の者による反組合的な発言のうち、不当労働行為とみなされるものをひとつ選びなさい。

1 取引先   2 人事課長   3 同僚   4 別組合員

Q127 次の使用者の行為のうち、不当労働行為とみなされるものをすべて選びなさい。

1 組合結成の動きがあるのでリーダーに出向を命ずる。

2 組合員に食堂利用をさせない。

3 組合員についてだけ賃上げを実施する。

4 特定の政党所属を理由として忘年会に参加させない。

V

Q128 次の使用者の行為のうち、不当労働行為とみなされないものをひとつ選びなさい。　【正解率20%】

1 組合加入を合同労組に相談したことを理由とする解雇。

2 過半数代表選出選挙に立候補したことを理由とする配転。

3 組合結成の中心となった者に対する組合員資格のない管理職への昇進。

4 組合結成の動きに対する調査。

A126　正解は2

　不当労働行為は、使用者の組合に対する反組合的行為を禁止するものですので、正解は2となります。

　もっとも、1、3、4であっても、使用者の意向に従って反組合的な発言を行なった場合には、使用者の発言と同視でき、不当労働行為とみなされる余地はあります。

A127　正解は1、2

　不当労働行為にあたるのは組合員を不利益に取り扱った場合であり、1、2はそれにあたります。

　3は、そもそも労働組合とは労働条件の維持改善等を図ることが目的ですので、その結果として組合員だけ賃上げが実施されることはあり得ます。

　また、4は、特定の政党所属と組合員とは必ずしも関係があるわけではないので、これだけでは不当労働行為であるとはいえません。

A128　正解は2

　1については、労働者の団結権は現に加入していなくても保障されるべきであり、それに対する不利益取扱いは不当労働行為となります。

　2については、過半数代表制度自体が労働組合と関係のない制度ですので、不当労働行為とはみなされません。

　3、4はどちらも組合活動に影響を与える行為であり、支配介入の不当労働行為にあたります。

Q129 従業員A、Bが共謀して会社の金銭を横領したので、X組合の委員長であるAを懲戒解雇、別組合たるY組合員であるBを出勤停止処分にした。使用者が異なる処分を下したことについての次の説明のうち、法的に相当と認められるものをひとつ選びなさい。

【正解率55%】

1　AはX組合の委員長という責任ある立場だから。

2　Y組合は会社と協調的であるから。

3　Y組合から寛大な取扱いを求める要請があったから。

4　Aだけが不当処分であるとして反省の態度を示さないから。

Q130 併存組合に対する使用者の中立保持義務について、正しいものをひとつ選びなさい。

【正解率28%】

1　労働者の過半数を組織している多数組合には、少数組合と比較して、労基法等による特別の権限が付与されている。

2　多数組合とのユニオン・ショップ協定があれば、少数組合所属の組合員を解雇できる。

3　組合事務所を多数組合には貸与し、少数組合には貸与しないことは許される。

4　差し違え条件の諾否に由来する併存組合員間の労働条件上の差別は、各労働組合の自己選択の結果なので、不当労働行為とみなされることはない。

A129　正解は4

　本問ではＡ、Ｂが同一の行為をしているため、原則として処分も同程度である必要があります。

　1については、会社における役職によって処分の重さに差を設けることはありえますが、組合の中心的な人物だからという理由で処分を重くすることは、不当労働行為として禁止される「支配介入」と評価される可能性があります。

　2、3については、会社に複数の組合がある場合、使用者は中立的な態度をとるべきであり、一方のみを優遇することは他方の組合を弱体化させる支配介入にあたります。

A130　正解は1

　使用者には、併存組合下において組合（員）間差別をしないという中立保持義務があります。これは、少数組合についても独自の団結権・団交権があることを意味します。したがって、ユニオン・ショップに基づく少数組合員の解雇（選択肢2）や、組合事務所貸与の組合間差別（選択肢3）は許されません。差し違え条件の諾否に由来する組合員間差別（選択肢4）は、労使関係において当該条件が持つ意味や誠実交渉のあり方から、不当労働行為とみなされることがあります（日本メール・オーダー事件・最3小判昭59.5.29）。また、労基法においては、過半数組合に特別の権限を付与している例（選択肢1）が少なくありません（労基法36条、90条等）。

3 不当労働行為の救済

Q131 労働委員会について、誤っているものをひとつ選びなさい。 【正解率57%】

1 不当労働行為事件は、労働組合による申立てが多い。

2 労働関係紛争の個別あっせんは行っていない。

3 公益委員・労働者委員・使用者委員で構成される。

4 不当労働行為事件は、和解で解決する例が多い。

Q132 次のうち、労働委員会の救済命令として認められないものをすべて選びなさい。 【正解率14%】

1 会社社長が、組合員に対して口頭で謝罪すること。

2 組合に対して慰謝料を支払うこと。

3 会社の財務情報を組合に開示すること。

4 会社の玄関に「不当労働行為をしない」旨の声明文を掲示すること。

A131　正解は2

　労働委員会による不当労働行為救済申立ては、組合からの申立てが多く（9割以上）、命令までいかず和解や取下げで解決する例が多いのが特徴です。また、労働委員会は、公・労・使の三者構成で組織されています。その権限は、不当労働行為の救済、集団的労使紛争の調整とともに、多くの労働委員会では個別紛争のあっせんも行っています。

A132　正解は1、2

　2のみ、2と3、2と4という誤答が全体の半数を占めましたが、3、4は適法な救済命令です。

　労働委員会は事案に応じて多様な救済命令を発することができます。不誠実交渉に対しては情報の開示が（選択肢3）、また多様な不当労働行為事案についてポストノーティス（選択肢4）が命じられています。もっとも、使用者個人の人権を侵害するような口頭での謝罪を命じることはできず、不当労働行為制度の趣旨から慰謝料の支払いも許されません。

Q133 次のうち、労働委員会の救済命令として許されないものをひとつ選びなさい。 【正解率61%】

1 解雇に対するバックペイの支払い。

2 団交拒否に対する協約の締結。

3 支配介入に対するポストノーティス命令。

4 査定差別に対する差額賃金の支払い。

Q134 不当労働行為に対する司法救済について、誤っているものをすべて選びなさい。

1 団交権侵害について司法救済を求めることはできない。

2 不当労働行為を行った役員個人に対して、損害賠償を請求することができる。

3 労働委員会に行政救済を申し立てた場合、司法救済を求めることは許されない。

4 損害賠償請求は会社に対してしか行えない。

A133　正解は2

　労働委員会は不当労働行為のパターンに応じて効果的な救済命令を発しています。解雇等の不利益取扱いや査定差別に関しては差別状態の是正（バックペイや差額賃金の支払い）を命じることができます。また、支配介入を含め各不当労働行為に対してはポストノーティス命令を出すことができます。他方、協約の締結は自主交渉原則に明確に反するので団交拒否に対する救済命令としても許されていません。

A134　正解は1、3、4

　司法救済は労働委員会の行政救済とは別に請求できるので、3は誤りです。

　また不当労働行為を理由とする損害賠償は、会社だけではなく具体的な行為（たとえば、脱退勧奨）を行なった管理職・役員に対しても請求できるので、4は誤りです。団交権侵害に対しては、団交に応諾する地位の確認請求や損害賠償を求めることができるので、これも誤りです。

4 団体交渉権の保障

Q135 団交権保障について、正しいものをひとつ選びなさい。
【正解率50%】

1　使用者の交渉態度が不誠実であっても、労組法7条2号の団交拒否には該当しない。

2　団交権を侵害されたことを理由として、損害賠償を請求することができる。

3　使用者に譲歩する意思がなければ、団交に応じなくてもよい。

4　団交の促進は、労調法上のあっせん事項にはならない。

Q136 団交権について、誤っているものをひとつ選びなさい。
【正解率94%】

1　団交に誠実に応じたといえるためには、使用者の立場を適切に説明することが必要である。

2　団交には、組合員全員が参加しなければならない。

3　使用者の管理運営事項であっても、労働条件に関係があれば義務的交渉事項となる。

4　使用者は、労働組合の要求に対して妥協の余地がなくても、団交には応じなければならない。

A135　正解は2

　団交拒否のパターンは、団交に応じないことと、団交には応じるけれど不誠実な交渉態度を示すこととがあります。いずれも労組法7条2号に違反します。誠実交渉の要請からは、たとえ譲歩意思がなくとも団交拒否は許されず、団交に応じてその旨説明することが必要です。また、団交拒否に対しては、労働委員会に救済を求めることも団交促進のあっせんを求めることもできます。さらに、団交権侵害として裁判所に損害賠償の請求もできます。もっとも、損害額について明確な算定基準はありませんが。

A136　正解は2

　誠実交渉義務を履行したといえるためには、会社の見解を適切に説明する必要があり、妥協できない場合にも団交でその旨を説明することを要します。また、管理運営事項であっても労働条件に関係すれば義務的交渉事項になります。他方、団交は団体を背景とした交渉なので組合員の全員参加までは必要とされません。

Q137　次のうち、義務的交渉事項とならないものをひとつ選びなさい。

1　増資の決定。

2　組合員の配転に関する苦情。

3　ユニオン・ショップ協定の締結。

4　福利施設の利用。

Q138　経営の急激な悪化を理由として解雇されたので、同僚と相談して3名で労働組合を結成し、解雇撤回を求めて使用者に団体交渉を要求したところ、次のような理由で拒否されました。このうち、団体交渉拒否の理由として正当とはいえないものをすべて選びなさい。　【正解率22%】

1　労働組合が、使用者側は社長1人で出席するよう要求していること。

2　労働組合が、従業員の過半数を組織していないこと。

3　労働組合の結成について、会社の承認を得ていないこと。

4　交渉事項が、個別の人事問題であること。

A137　正解は1

　義務的交渉事項は、労働条件や労働者の待遇等についてその基準だけでなく個別の事案も含みます。ユニオン・ショップ協定やチェックオフ等の労使間ルールも同様です。役員人事等の管理運営事項は含まれません。

A138　正解は2、3、4

　団交拒否の正当性についての問題です。

　労働組合からの団交要求に対しては、使用者は、正当な拒否理由がない限り、原則として応諾する義務があります。正当な理由とは、例えば、労働組合がその適格性を欠くことや、要求されている交渉事項が義務的交渉事項でないことがそれに当たります。従業員の過半数を組織していないことや、組合結成について使用者の承認を得ていないことは、労働組合の適格性には関係がありません。交渉事項については、労働条件基準だけではなく個別人事についても、義務的交渉事項とされています。また、団交出席者に関する組合側の要請が不適切な場合にも、拒否に正当性があるといえます。使用者側の出席者は、原則的に使用者が決定できます（ただし、責任ある者であることを要します。）ので、選択肢1の「社長1人で出席」というのは、必ずしも適切な要請とはいえません。出席者については、労使の事前の話し合いが必要とされます。

Q139 次の使用者の態度のうち、不誠実交渉にあたるものをすべて選びなさい。 【正解率55%】

1 　組合の提案を受諾しないこと。

2 　交渉時間を15分に制限すること。

3 　交渉の方式は書面とし、対面では行わないこと。

4 　交渉の結果合意に至った事項の書面化を拒否すること。

Q140 団交拒否に関する法的な争い方について、誤っているものをすべて選びなさい。

1 　組合員個人も、不当労働行為の申立てができる。

2 　裁判所に損害賠償請求訴訟を提起できる。

3 　裁判所に労働審判の申立てをすることができる。

4 　裁判所に団交に応ずべき地位の確認を請求できる。

Q141 労働委員会による団交紛争の処理について、正しいものをひとつ選びなさい。 【正解率50%】

1 　労働委員会は、団交の促進をあっせんすることはできない。

2 　労働委員会は、不当な団交拒否に対して、損害賠償の支払いを命じることができる。

3 　労働委員会は、組合員の解雇問題についての団交を命じることができる。

4 　労働委員会は、不誠実な交渉態度の使用者に対して、交渉の妥結を命じることができる。

A139　正解は2、3、4

　1・2・3・4や、2・4という誤答が目立ちました。
　使用者は、組合から団交要求があれば誠実に交渉に応じる必要がありますが（労組法7条2号）、誠実に交渉した結果、組合の提案を受諾できないということであれば不誠実交渉には当たりませんので、1は誤りです。

A140　正解は1、3

　不当労働行為の申立てには個人申立てと組合申立てがありますが、団交拒否はもっぱら組合の利益を侵害するので組合申立てしかできません。また、労働審判は、組合がらみの紛争は対象となりません（労働審判法1条）。

A141　正解は3

　団交拒否事件において労働委員会がどのような救済を命じうるかは、実務的には重要な問題です。和解ならば事案に応じた解決ができますが、命令になると一定の制約を受けます。労働委員会は、団交の促進を命じることはできますが、労使自治を尊重する立場からその妥結を命じることまではできません。また、団交事案に限らず、労働委員会は損害賠償の支払いも命じることができません。他方、裁判所は、団交権侵害を理由とする損害賠償の支払いを命じることができます。なお、労調法上のあっせん事件として団交の促進をすることはできます。

5 労働協約の締結

Q142 労働協約の締結のあり方について、労組法に照らして適切なものをひとつ選びなさい。

1 協約期間を5年間と定める。

2 労使間で合意はしたが書面化しない。

3 期間の定めのない労働協約を締結する。

4 労働協約を即時に解約できる条項を定める。

Q143 労働協約と就業規則の法的性質について、正しいものをすべて選びなさい。 【正解率55%】

1 労働協約も就業規則も、労働組合の同意は必要とされない。

2 労働協約も就業規則も、労働条件を規制できる。

3 労働協約も就業規則も、労働契約よりも優先する。

4 労働協約も就業規則も、労基法に違反しえない。

Q144 労働協約について、正しいものをひとつ選びなさい。 【正解率57%】

1 労働協約を締結することによって、労働条件を不利に変更することはできない。

2 労働協約の失効後には、使用者が自由に労働条件を変更することができる。

3 非組合員に対して適用されることは全くない。

4 有利不利を問わず、就業規則より優先して適用される。

A142　正解は3

　1は、3年間の制約に違反し、4は90日前の予告規定に反します（労組法15条）。

　また、2については書面化しなければ協約の規範的効力は認められません（同法14条）。

A143　正解は2、4

　1について、就業規則については組合の同意は必要とされません。また、3について、契約のほうが就業規則より有利な場合には契約が優先します。不利な場合には就業規則が最低基準となり契約に優先します。ケースによって異なります。

A144　正解は4

　労使間の合意に基づく労働協約には、規範的効力が認められています（労組法16条）。労働協約の適用範囲は原則組合員ですが、一定の要件を満たすと非組合員についても拡張適用がなされます（同法17、18条）。この規範的効力は、労働条件を有利にも不利にも変更しうる両面性があり、また、就業規則に優先する強力な効力が認められています（労契法13条）。協約失効後の労働条件の変更は、労使間の合意等が必要であり、使用者が自由に決定できるわけではありません。

Q145　労働協約について、誤っているものをひとつ選びなさい。　【正解率42%】

1　労働協約にチェック・オフ条項があっても、個々の組合員がチェック・オフの中止を求めたならば、使用者はチェック・オフをすることができない。

2　口頭の合意のみであっても、労働協約の規範的効力が発生する。

3　労働協約で、組合員に対する解雇には労働組合の同意を要するとの定めがある場合、これに違反した解雇は無効となる。

4　労働協約の規範的効力は、労働条件を不利に変更する場合にもその効力が認められる。

Q146　労働協約について、誤っているものをひとつ選びなさい。　【正解率56%】

1　労働協約に定める労働条件等の基準に違反する労働契約の部分は無効となる。

2　労働協約の有効期間は、最長3年である。

3　団体交渉のルールや非組合員の範囲についての取り決めは、労働協約の形で合意しても効力はない。

4　労働協約は、書面化して、使用者と労働組合の双方当事者の署名または記名押印がされなければ、効力がない。

A145　正解は2

　1や4を選んだ人が多かったです。判例は、個々の組合員が使用者に対しチェック・オフの中止を求めたならば中止すべきものとしています。したがって、1は正しいです。

　労働協約は、書面で締結するものとされています（労組法14条）。こうした要式を備えない合意は、労働協約としての規範的効力を認めないのが判例の立場ですので、2は誤りです。

　人事同意条項に反する解雇は無効となります。したがって、3は正しいです。

　規範的効力は有利・不利を問わず両面的に適用されるとするのが判例の立場です。したがって、4は正しいです。

A146　正解は3

　労働協約には、労働条件に関する規範的効力と、団体交渉のルールや組合掲示板の貸与、非組合員の範囲等の労使間ルールに関する債務的効力が認められていますので、3は誤りです。2を誤りとした受検者が多かったようですが、労働協約について有効期間を定めた場合、その期間は最長3年とされており、それ以上長期の定めは3年とみなされます（労組法15条）ので、2は正しいです。なお、1は労組法16条の規範的効力について、4は同法14条の労働協約の成立要件について、それぞれ条文の知識を問う基本問題となります。

Q147 労働協約について、正しいものをすべて選びなさい。

【正解率18%】

1　労働協約は、書面化したうえで両当事者が署名または記名押印しなければ、規範的効力は認められない。

2　労働協約によって、労働契約で定めた労働条件を不利益に変更することはできない。

3　労働協約によって、組合員の既得の権利を放棄させることはできない。

4　労働協約は、組合員以外の労働者に適用されることはない。

V

Q148 労働協約では25歳の組合員の賃金が20万円と定められていたところ、25歳のA組合員が新たに使用者との間で労働契約を締結して賃金を18万円と合意した場合のA組合員の賃金について、次の説明のうち、もっとも正しいものをひとつ選びなさい。

【正解率58%】

1　内容の有利不利を問わず、労働協約が優先するので、20万円となる。

2　労働協約の内容が有利なので、20万円となる。

3　内容の有利不利を問わず、A組合員本人との個別合意が優先するので、18万円となる。

4　内容の有利不利を問わず、より新しい合意が優先するので18万円となる。

A147　正解は1、3

　約7割の方が2を選んでおり、1・2・3や、2・3という誤答が目立ちました。

　労働協約は、書面で締結するものとされ（労組法14条）、このような要式を備えない合意は、労働協約としての規範的効力が認められないので、1は正しいです。労働協約は、労働条件の有利不利を問わず、労働契約・就業規則に優先しますので、2は誤りです。組合員の既得の権利を放棄させるような条項は、協約自治の限界を超え無効となるため、3は正しいです。労働協約は、一定の要件を満たすと非組合員についても拡張適用がなされますので（労組法17、18条）、4は誤りです。

A148　正解は1

　労働協約は、規定内容の有利不利を問わず、労働契約・就業規則のいずれにも優先します。

　2は、結論的には正しいわけですが理由が間違っています。また、新規の合意であっても協約が優先します。

6 団体行動権の保障

Q149 争議権の保障について、誤っているものをひとつ選びなさい。 【正解率46%】

1　正当な争議に参加したことを理由として、懲戒処分をすることはできない。

2　正当な争議に参加したことを理由として、配置転換をすることはできない。

3　正当な争議に参加したことを理由として、賃金カットをすることはできない。

4　正当な争議に参加したことを理由として、損害賠償請求をすることはできない。

Q150 組合への掲示板貸与について、不当労働行為となるものをすべて選びなさい。

1　併存組合の一方にだけ貸与しないこと。

2　組合に掲示板を貸与しないこと。

3　貸与した掲示板から掲示物を撤去すること。

4　組合員数に応じて異なった大きさの掲示板を貸与すること。

A149　正解は3

　正当な争議行為参加を理由とする解雇や配転等の不利益取扱いは、不当労働行為として禁止され（労組法7条1号）、損害賠償の請求も認められません（同法8条）。他方、賃金カットは、労務不提供にともない賃金請求権が発生しないとみなされるので、労組法7条にも8条にも違反しません。もっとも、労務不提供の割合以上にカットする（1日のストに対し2日分のカットをする）ことは許されません。

A150　正解は1、3

　掲示板を貸与するか否かは労使の合意によるので2は認められます。
　もっとも、併存組合に対しては使用者に中立保持義務があるので、1は不当労働行為にあたりますが、4は必ずしも不当労働行為にはあたりません。また、いったん貸与した場合には、掲示物の撤去は組合活動に対する介入になります。

Q151 争議行為について、正しいものをひとつ選びなさい。

【正解率57%】

1　安保反対などの政治目的の争議行為であっても正当である。

2　ストライキを理由として、使用者が賃金カットをすることは許される。

3　怠業は、争議行為として正当ではない。

4　争議行為に対抗して、使用者がロックアウトをすることは許されない。

Q152 労調法上のあっせん・調停・仲裁について、正しいものをすべて選びなさい。

1　あっせんは、解決案の受諾について当事者の合意が必要である。

2　調停は、解決案の受諾について当事者の合意が必要である。

3　仲裁は、解決案の受諾について当事者の合意が必要である。

4　あっせん・調停・仲裁ともに、解決案の受諾について当事者の合意は必要でない。

A151　正解は2

　争議行為の正当性について、多様な角度から問う問題です。争議目的としては、労働条件改善や労使間ルールの設定は正当なものとみなされますが、政治目的のそれは正当とはされません。また、争議行為の具体的態様としては、同盟罷業（ストライキ）だけでなく、怠業（サボタージュ・スローダウン）も正当とされます。これに対して、使用者側の争議対抗手段としては、ロックアウトや賃金カット等があります。ただ、賃金カットについては、争議による不就労の割合以上にカットすること（例えば、1時間のストに対して1日分の賃金をカットすること）は許されません。

A152　正解は1、2

　あっせんと調停は解決策の受諾について当事者の合意が必要です。あっせん案や調停案を見たうえでの受諾が認められていますが、仲裁裁定は当事者を拘束します。

中級問題

不合理な労働条件の禁止

　無期契約労働者と有期契約労働者との間の待遇格差が社会問題として認識され、2012年の労契法改正によって、無期契約労働者と有期契約労働者との間の不合理な労働条件の相違を禁止する規定が制定されました（改正前20条）。

　また、2018年に成立した働き方改革法によって、パート労働法が「パート・有期雇用労働法」へと改められ、パート・有期雇用労働者に対し、①職務内容、②職務内容・配置の変更範囲、③その他の事情の相違を考慮して、不合理な待遇差を禁止するとともに（8条）、前記①②が同じ場合には、差別的な取扱いを禁止しています（9条）。さらに、雇入時の待遇の説明義務（14条1項）、労働者からの求めにより待遇決定の理由を説明する義務及び通常の労働者との間の待遇差の内容と理由について説明する義務（同条2項）が設けられています。改正法は、大企業では2020年4月1日から、中小企業では2021年4月1日から施行されます。

　改正前の労契法20条に関する最高裁の判断は、二例あります。ハマキョウレックス事件（最二小判平30.6.1）は、運送会社で正社員には無事故手当・作業手当・給食手当・皆勤手当・住宅手当を支給していたのですが、正社員と同様の運転業務に従事していた契約社員にはこれらの手当を支給せず、通勤手当については相違がありました。最高裁は、無事故手当・作業手当・給食手当・皆勤手当の不支給と、通勤手当額の相違は不合理であると判断しました。

　長澤運輸事件（最二小判平30.6.1）は、定年後再雇用の有期雇用労働者が、定年前と同一の業務を担っているものの賃金額が2割程度低くなった事案ですが、賃金格差は不合理ではないと判断されています。

　この最高裁の解釈は、前記の改正法8条に及ぶものといえますが、今後改正法が適用されることで、格差是正に向けたさらなる動きが見込まれます。

［上田絵理］

1 労働法総論

◆労働条件決定システム

Q1 就業規則と労働協約について、誤っているものをひとつ選びなさい。 【正解率96%】

1 労働協約は当事者双方が署名または押印することを要件としているが、それを欠く場合には労働協約としての規範的効力は付与されない。

2 常時10人以上の労働者を使用する使用者は、一定の内容の就業規則を作成し、これを行政官庁に届け出なければならず、これを変更したときにも届出をしなければならない。

3 就業規則よりも有利な労働条件を法律が定めていた場合、法律の労働条件が契約内容となる。

4 就業規則と労働協約とで異なる労働条件が定めてある場合、労働条件の有利不利を問わず、就業規則の労働条件が適用される。

中

A1　正解は4

　就業規則と労働協約とで異なる労働条件が定められている場合の適用関係を確認する基本的な問題です。労働協約の定めがある場合には、労働条件の有利不利を問わず、労働協約の労働条件が適用されることになります。よって、4は誤りです。

◆就業規則

Q2 次のうち、就業規則による労働条件の不利益変更の有効性を判断する際の主要な考慮要素として正しいものをすべて選びなさい。 【正解率58%】

1　労働者の受ける不利益の程度
2　労働条件の変更の必要性
3　労働者の勤務成績
4　労働組合等との交渉の状況

Q3 就業規則の効力として、誤っているものをすべて選びなさい。 【正解率37%】

中

1　就業規則が定める労働条件は、法令や労働協約に反してはならない。
2　就業規則の定めが労働契約の内容となるためには、合理的な労働条件が定められており、労働者に周知されている必要がある。
3　労働契約締結時に労働者が就業規則の内容を知らない場合には、就業規則を周知しているとは認められない。
4　就業規則を作成するときは、労働者の過半数を代表する者から意見聴取をして同意を得る必要がある。

A2　正解は1、2、4

　就業規則による不利益変更の有効性は、労働者の受ける不利益の程度、労働条件の変更の必要性、変更後の就業規則の内容の相当性、労働組合等との交渉の状況その他の就業規則の変更に係る事情などを総合考慮して判断されます（労働契約法10条）。就業規則の不利益変更の際には、労働者側の事情は基本的に勘案されませんので、選択肢3の労働者の勤務成績などは、主要な考慮要素とはいえません。選択肢1・2のみとする誤答も多かったですが、選択肢4の労働組合等との交渉の状況についても、就業規則の不利益変更の判断の際には重要な考慮要素になります。

A3　正解は3、4

　労基法92条は、就業規則は、法令に反してはならず、また労働者と使用者の合意として規範的効力を有する労働協約にも反してはならないことを規定しています。労基法92条の考え方を確認するもので、1は正しいです。

　就業規則の定めが労働契約の内容となるためには、合理的な労働条件が定められ、労働者に周知されていることが必要です（労契法7条）。よって、2は正しいです。

　就業規則は、常時各作業場の見やすい場所へ掲示し、備え付ける、あるいは、書面等によって労働者に周知しなければなりません（労基法106条）。もっとも、労働契約締結時に労働者が就業規則の内容を知らなかった事実をもって、就業規則を周知していないとはいえないと解されます。3は誤りです。

　就業規則を作成する際には、過半数組合、それがない場合には過半数代表者の意見を聴取することが求められます（労基法90条1項）。しかし、意見聴取において労働者側の同意を得ることまでは義務づけられていません。よって、4も誤りです。

◆労使紛争の解決手続

Q4 労使紛争の解決手続について、正しいものをひとつ選びなさい。 【正解率60%】

1　都道府県労働局のあっせん手続で示されるあっせん案は、労使双方に対して法的拘束力を有する。

2　都道府県労働局のあっせん手続には、労使双方とも必ず参加しなければならない。

3　労働審判手続は、裁判官だけでなく、民間の労働審判員も関与する手続である。

4　労働審判手続で下された審判に対しては、労使双方とも異議申立てをすることができない。

中

A4　正解は3

　都道府県労働局のあっせん手続は、あっせん員が当事者の間に立って話合いを促進する調整的手続です。あっせん手続において示されるあっせん案を受諾するかどうかは当事者の任意であり、当事者に対して法的拘束力を有するものではありませんので、1は誤りです。

　あっせん手続では、当事者にあっせんの開始通知がされ、あっせんに参加するかどうかの意思確認が行われます。あっせんは強制されるわけではなく、あっせんに参加するかどうかも当事者の意向に委ねられますので、2も誤りです。

　労働審判手続は、地方裁判所で行われる労使紛争の解決手続です。裁判官1名と、労働関係の専門的な知識を有する民間の労働審判員2名が関与します。よって、3は正しいです。

　労働審判手続で下された審判に対して、当事者から異議の申立てがあったときは、審判は効力を失い、労働審判の申立ての時に遡って訴えの提起があったものとみなされます。よって、4は誤りです。

2 労働契約

◆労働契約

Q5 **兼業について、正しいものをすべて選びなさい。**

【正解率62%】

1　使用者は、理由を問わず、就業規則で労働者の兼業を全面的に禁止することができる。

2　労働者の兼業について会社の許可を必要とする就業規則の規定を設けることは許される。

3　同業他社に企業秘密が漏洩するおそれがある場合や、長時間労働につながると認められる場合、使用者は、労働者の兼業を許可しないことが許される。

4　労働者の兼業を許可制とする会社において、労働者が許可を得ずに兼業を行った場合、懲戒処分の対象となりうる。

A5　正解は2、3、4

　労働者が労働時間外に他の場所で働いたり、自ら起業したりすること
を、兼職・兼業といいます。兼職・兼業の規制は、無制限に認められる
わけではありません。勤務時間外に何をするのかは、従業員の自由です
し、その時間に働くことも職業選択の自由（憲法22条1項）として保障さ
れているからです。したがって、1は誤りです。兼職・兼業については、
就業規則等で許可制にすることも許されますが、労働者の自由を考慮し
て限定的に解釈されています。労働者の使用者に対する労務の提供が不
能または不完全になる場合など、業務に支障が生じる事情がある場合に
は、兼職・兼業を許可しないことに合理性が認められます。

Q6 労働契約について、正しいものをすべて選びなさい。
【正解率58%】

1　いわゆる試用期間中はいまだ労働契約が締結されていないから、使用者は任意に本採用を拒否することができる。

2　労働契約の締結に際して、使用者は労働者に対し労働条件を明示する義務を負うが、これに違反する場合でも、労働契約が直ちに無効となるわけではない。

3　労働者の債務不履行について違約金を定める契約は無効であるが、不法行為についての損害賠償額を予定する契約は有効である。

4　使用者は、前借金その他労働することを条件とする前貸の債権と賃金を相殺してはならない。

Q7 労働契約について、誤っているものをすべて選びなさい。
【正解率46%】

1　使用者は、パートタイム労働者に対しては、書面で労働条件を明示しなくてもよい。

2　労働契約が成立するためには、口頭による合意では足りず、書面による合意が必要である。

3　労使で合意をすれば、労働契約の不履行について違約金を定めることも有効である。

4　明示された労働条件が事実と相違する場合、労働者は即時に労働契約を解除することができる。

A6　正解は2、4

　3を含む誤答が多くみられました。

　1については、試用期間中でも労働契約は成立していることから、本採用拒否には相当な理由が必要です。

　3については、労基法16条は、労働契約の不履行について違約金を定めることや、損害賠償額を予定する契約をすることを禁止しています。

　4については、労基法17条の基本知識を問うものです。同条は、使用者は、前借金その他労働することを条件とする前貸の債権と賃金とを相殺してはならないと規定しています。

A7　正解は1、2、3

　重要な労働条件については、書面による労働条件の明示が使用者に義務づけられています（労基法15条1項、労基法施行規則5条）。パートタイム労働者に対しても書面による労働条件明示が必要ですので、1は誤りとなります。労働契約は口頭による合意でも成立しますので、2も誤りです。使用者は、労働契約の不履行について違約金を定め、または損害賠償額の予定をする契約を締結することはできません（労基法16条）。したがって、3も誤りです。労働契約の即時解除については労基法15条2項に定めがあり、4は正しいということになります。

Q8 労基法上の労働者について、誤っているものをすべて選びなさい。 【正解率43%】

1 ボランティアなど無償で労働を提供する者は、労基法上の労働者に該当しない。

2 雇用保険の失業給付を受けている者であっても、労基法上の労働者に該当する。

3 契約の形式が請負や委任となっていても、労務給付の実態において労働者性の基準を満たしていれば、労基法上の労働者に該当する。

4 労組法2条1号にいう「使用者の利益を代表する者」には、労基法上の労働者は含まれない。

Q9 使用者概念について、誤っているものをひとつ選びなさい。 【正解率92%】

1 労働契約上の使用者としての責任を負う主体は、形式的な契約上の当事者に限られず、黙示の労働契約が成立していると認められる場合には、使用者としての責任を負う。

2 労基法上の「使用者」として責任を負うのは事業主だけであり、事業の経営担当者である取締役などは「使用者」には含まれない。

3 親会社が子会社を一事業部門として完全に支配しているなど、子会社の法人格が完全に形骸化していると評価される場合には、親会社が子会社従業員の労働契約上の使用者とされる。

4 労組法上、雇用主以外の者であっても、当該労働者の基本的な労働条件等に対して、雇用主と部分的とはいえ同視できる程度に現実的かつ具体的な支配力を有しているといえる場合には、使用者に該当する。

中

A8　正解は2、4

　労基法上の労働者について問う問題です。

　1については、労基法9条の定義が賃金の支払いを要件としていることから、ボランティアなど無償で労働を提供する者は、労基法上の「労働者」には該当しません。

　2については、雇用保険の失業給付を受けている者については、使用者からの指揮命令を受けておらず、労基法上の「労働者」に該当しません。

　4については、労組法2条1号にいう「使用者の利益を代表する者」には、たとえば、人事に関し直接の権限を持つ監督的地位にある者など、労基法上の労働者に該当するものが含まれますので、誤りです。

A9　正解は2

　労基法は、使用者について、①事業主、②事業の経営担当者、③その他その事業の労働者に関する事項について、事業主のために行為をするすべての者をいうと定義しています（労基法10条）。すなわち、「事業主」とは、法人、個人事業主などがこれに該当します。「事業の経営担当者」とは、法人の代表者、取締役などの事業経営一般について権限と責任を有する者のことです。労基法に違反する行為をしたときは、事業主が刑事罰の対象となりうることはもちろん、労基法違反の行為を行った個人についても刑事罰の対象になることもあります。したがって、2は誤りです。

Q10 労基法上の労働者について、誤っているものをすべて選びなさい。 【正解率75%】

1 請負や委任の形式で契約を締結した場合、労基法上の労働者に該当することはない。

2 ボランティアなど無償で働く者は、労基法上の労働者に該当しない。

3 雇用保険の失業給付を受けている者は、労基法上の労働者に該当しない。

4 アルバイトは正社員ではないので、労基法上の労働者に該当しない。

◆採用・内定・試用

Q11 採用について、誤っているものをひとつ選びなさい。 【正解率92%】

中

1 採用時に、使用者がHIVなどへの感染に関する情報を本人の同意なく調査することは許されない。

2 労働者の募集および採用について、女性のみを募集することは原則として許されない。

3 内々定の段階では労働契約は成立していないので、内々定を取り消されたとしても会社に対して法的責任を追及することはできない。

4 応募者の本籍地など、本人の能力と関係のない質問をすることは、採用面接の質問として不適切である。

A10　正解は1、4

　判例は、労働者に該当するかどうかは、契約の形式にとらわれず、労務給付の実態に即して労働者性の有無を判断すべきと解釈しています。したがって1は誤りです。労基法9条の定義にあてはまる働き方をしていれば、アルバイトやパートタイマー、派遣社員、契約社員などの形式で働く人についても、「労働者」として労基法のルールが適用されるので、4も誤りです。

A11　正解は3

　採用内定の前に行なわれる内々定というものがあります。名称は内々定であっても、通知を受けたときの状況、時期、通知の具体的内容や説明、当事者間の認識などから、実質的に内定と評価できる場合もあります。裁判例には、内々定は、正式な内定とは明らかに性質を異にするものであって、始期付解約権留保付労働契約が成立したものとはいえないが、採用直前に内々定を取り消すことは、労働契約締結過程における信義則に反し、原告の期待利益を侵害するものとして不法行為を構成するとしたものがあります。したがって、内々定を取り消されたとしても会社に対して法的責任を追及することはできない、という3が誤りです。

Q12 試用について、正しいものをすべて選びなさい。
【正解率87%】

1 使用者は、合理的な理由がなければ、本採用を拒否することはできない。

2 労基法における試用期間の上限は3か月であり、それを超える試用期間の定めは無効である。

3 試用期間中は、解雇権を留保しているものの労働契約は成立している。

4 使用者は、試用期間中であることを理由に、自由に本採用を拒否できる。

◆労働契約上の権利義務

Q13 労働契約上の権利義務について、誤っているものをすべて選びなさい。
【正解率44%】

1 会社が兼業を許可制としている場合でも、許可のない兼業に対して懲戒処分ができるのは、その会社での業務遂行に支障をもたらす場合や、会社の対外的信用を損なう場合に限られる。

2 労働者の退職後に競業避止義務を課すためには、就業規則において制限の期間、場所的範囲、業種を明確にすれば足りる。

3 就業規則や労働契約に定めがない場合には、労働者は在職中に秘密保持義務を負わない。

4 不正競争防止法によって保護される「営業秘密」に該当するといえるためには、①秘密管理性、②有用性、③非公知性の要件を満たす必要がある。

A12 正解は1、3

　試用期間について労基法は定めをおいていませんので、2は誤りです。試用期間中の解雇について、判例は、企業が採用決定後の調査結果、または試用期間中の勤務状態等により当初知ることができず、また知ることが期待できないような事実を知るに至った場合に、その者を引き続き企業に雇用しておくのが適当でないと判断することに合理的理由がある場合に限られるとしています。

A13 正解は2、3

　3以外の選択肢が難しかったようです。

　2については、退職後に競業避止義務を課すためには、憲法で保障された職業選択の自由を制限するものであることから、使用者と労働者の間に、労働者の退職後の競業についてこれを避止すべき義務を定める合意が必要です。制限の期間や場所的範囲、業種にかぎらず、必要かつ合理的な範囲でその法的根拠を明示する必要があります。

　3については、在職中は、就業規則や労働契約に定めがなかったとしても、労働者は秘密保持義務を負うと解されています。

Q14 労働契約上の権利義務について、誤っているものをひとつ選びなさい。 【正解率45%】

1 　同業他社への就業・転職は、在職中は労働契約それ自体により、退職後は在職中の労働契約あるいは別途の特約により、制約される。

2 　労働者が業務の遂行にあたり会社に損害を与えた場合、故意か過失かを問わず、労働者の損害賠償責任は軽減される。

3 　使用者は、労働契約に伴い、労働者がその生命、身体等の安全を確保しつつ労働することができるよう、必要な配慮をする義務を負う。

4 　就業規則によって、兼業・二重就職を全面的に禁止することは許されない。

◆権利保障・人格的利益

Q15 以下の行為のうち、パワハラになる可能性が高いものをすべて選びなさい。 【正解率87%】

1 　顧客との待ち合わせ時刻を守らなかった社員に対して、「お客様を待たせるとは何事だ」と注意する。

2 　仕事ができる部下に多くの仕事を与え、仕事ができない部下には業務上の必要性のない仕事をさせる。

3 　クーラーの冷風を１年中あて続ける。

4 　就業時間の終了間際になって、毎日のように過大な仕事を押しつける。

中

A14　正解は2

　一般に在職中は、労働者は使用者の利益に反する競業行為を差し控える義務を負います。退職後の競業行為については、労働者に職業選択の自由があることから、特約等の法的根拠が必要です。1は正しい選択肢となります。労働者が業務遂行中に会社に損害を与えた場合、裁判例では、損害の公平な分担という見地から労働者の損害賠償責任が軽減されていますが、故意や悪質な不正行為等の場合は、その責任は軽減されません。「故意か過失かを問わず」とする2は誤りです。就業時間外は本来労働者の自由な時間ですので、兼業・二重就職を全面的に禁止することは、特別な事情がないかぎり許されません。4は正しい選択肢となります。

A15　正解は2、3、4

　パワー・ハラスメントの行為態様としては、①暴行、傷害（身体的な攻撃）、②脅迫、名誉毀損、侮辱、ひどい暴言（精神的な攻撃）、③隔離、仲間外し、無視（人間関係からの切り離し）、④業務上明らかに不要なことや遂行不可能なことの強制、仕事の妨害（過大な要求）、⑤業務上の合理性なく、程度の低い仕事を命じることや仕事を与えないこと（過小な要求）、⑥私的なことに過度に立ち入ること（個の侵害）が想定されています。個人の受けとめ方によっては不満に感じる指示や注意・指導があっても、「業務の適正な範囲」内であればパワー・ハラスメントには該当しません。

Q16 パワー・ハラスメントに関する先生と学生との会話を読んで、学生Aから学生Eまでの発言のうち誤っているものの組み合わせをひとつ選びなさい。 〔正解率82%〕

先　生　今日は、パワー・ハラスメントの概念について考えましょう。

学生A　パワー・ハラスメントは、「職場内の優位性」を背景に行われるものです。この「職場内の優位性」には、職務上の地位にかぎらず、人間関係などの優位性も含まれると理解されています。

先　生　具体的には、どのような場合が考えられますか。

学生B　上司から部下だけでなく、同僚間、さらには部下から上司の関係でもパワー・ハラスメントが起きることがあります。たとえば、パソコンに詳しい部下が、パソコンの苦手な上司を侮辱したり、職場で無視したりすれば、それもパワー・ハラスメントにあたる可能性があります。

学生C　パワー・ハラスメントにあたるかどうかは、「業務の適正な範囲」を超えているかどうも問題になります。業務上必要な指示や注意・指導であっても、労働者が不満に感じるものであれば「業務の適正な範囲」とはいえず、パワー・ハラスメントにあたることになります。

先　生　どのような行為がパワー・ハラスメントにあたるでしょうか。

学生D　暴行などの身体的な攻撃、暴言などの精神的な攻撃、無視をするなどの人間関係からの切り離しは、原則として「業務の適正な範囲」とはいえず、パワー・ハラスメントにあたると考えられます。業務上の必要性があっても、程度の低い仕事を命じることは、パワー・ハラスメントにあたり許されません。

学生E　私的なことに過度に立ち入ることも問題となります。また、パワー・ハラスメントのなかには、特定の労働者を会社から排除しようという意図で行われるものもあります。退職に追い込むための配転や、仕事を取り上げたりすることも、パワー・ハラスメントにあたります。

1　学生AとB　　2　学生BとC　　3　学生CとD　　4　学生DとE

A16　正解は3

　学生CとDに関係する2または4という誤答が多かったようです。

　学生Cの発言は誤りです。業務上必要な指示や注意・指導であれば、たとえ労働者が不満に感じたとしても「業務の適性な範囲」と評価できますので、パワー・ハラスメントには該当しません。

　学生Dの発言も誤りです。程度の低い仕事を命じることは、パワー・ハラスメントにあたるかどうかの問題になりえますが、業務上の必要性がある場合には、直ちにパワー・ハラスメントには該当しません。

◆人事異動

Q17 人事異動について、誤っているものをひとつ選びなさい。 【正解率80%】

1　使用者は、労働者の就業場所の変更にあたって、子の養育または家族の介護状況に配慮する義務を負う。

2　出向には、事実上、復帰が予定されていないものもあるが、それでも、出向元会社との労働契約関係が存続するものであるかぎり、転籍と同視することはできない。

3　労働者が個別に同意しない限り、使用者による配転命令に応じる義務を負わないとするのが判例の立場である。

4　転籍を命じるには労働者本人の個別の同意が必要であり、使用者は一方的に転籍を命じることはできない。

中

A17　正解は3

　誤答は2と4がやや多かったですが、2と4のいずれも正しいものです。

　3については、判例は、就業規則や労働協約上の配転条項があれば、労働協約や就業規則によって使用者の配転命令権を肯定しています。

3 賃 金

◆賃金の支払い

Q18 賃金全額払いの原則について、正しいものをすべて選びなさい。 【正解率19%】

1　退職金も賃金であるので、全額払いの原則が適用される。

2　事業場に過半数組合が存在する場合に限り、その組合と賃金控除協定を締結することで、賃金全額払いの原則の例外が認められる。

3　賃金との相殺が禁止されるのは、労働契約締結の際になされた前借金との相殺に限定される。

4　合意による相殺が労働者の自由な意思で行われる場合には、全額払いの原則に違反しない。

Q19 次の事由による労働者の休業のうち、労基法26条の休業手当の支払いが必要とされるものをすべて選びなさい。 【正解率55%】

1　天災地変により事業所が倒壊した。

2　資材の欠乏により仕事量が減少した。

3　工場の主要機械の欠陥により操業の長期停止を余儀なくされた。

4　私傷病により出勤できない状態となった。

中

A18　正解は1、4

　退職金も支給基準が明確であれば賃金に該当します（労基法11条）。賃金全額払いの原則（同法24条）は、賃金の控除・相殺を禁止していますが、事業場に過半数の代表者（過半数の労働組合があればその労働組合、これがない場合には過半数を代表する者）との間で労使協定を締結することで例外を認めています。また、判例は、労働者が使用者との間で真に自由な意思により相殺合意をすることを有効としています。

A19　正解は2、3

　使用者の責めに帰すべき事由による休業の場合、使用者は労基法26条に基づき休業手当を支給しなければなりません。原料の不足、機械の整備点検あるいは監督官庁の勧告による操業停止などは休業手当を支給すべき事由とされます。

Q20 年俸制について、誤っているものをひとつ選びなさい。

【正解率85%】

1 年俸制の場合でも、賃金は毎月1回以上支払う必要がある。

2 年俸制の労働者には、労働時間、休憩、休日の規定が適用されないので、時間外・休日労働に対する割増賃金の支払いは不要である。

3 賞与も含めて年俸が決定されている場合は、賞与部分も割増賃金の算定基礎となる。

4 年度途中で年俸額を変更することはできない。

中

A20　正解は2

　1は、年俸制にも賃金支払いについての毎月1回以上、一定期日払いの原則が適用されます。2は、年俸制の適用対象者だからといって労働時間規制の適用除外となるわけではありません。3は、あらかじめ年俸総額が確定している場合は割増賃金計算の基礎とされます。4は、年俸を減額するには根拠規定ないし労働者の同意が必要となり、これらの根拠に基づかず使用者において一方的に変更することはできません。

Q21 労働基準法24条1項の賃金全額払原則とその例外についての教授と学生たちの会話を読んで、誤っている発言の組み合わせをひとつ選びなさい。　〔正解率53%〕

教　授　労働者は、賃金債権を放棄することができるのかな。

学生A　いいえ、できません。労働者が自ら賃金債権を放棄することは賃金全額払原則に反する、というのが判例の立場だからです。

教　授　使用者が、社内貸付制度に基づいて労働者に金銭を貸し付けた場合を考えよう。労働者の使用者に対する賃金債権と使用者の労働者に対する貸金債権とを、使用者が相殺することはできるかな。

学生B　基本的に、事業場に過半数組合が存在する場合にはその労働組合、これが存在しない場合には事業場の過半数の代表者との間で賃金控除の労使協定を結ぶと、賃金債権との相殺も賃金全額払原則の例外として許容されます。

教　授　次に、使用者が労働者に対して誤って賃金を多く支払ってしまった場合で、労働者が任意の清算に応じてくれないときに、使用者が翌月の賃金から払いすぎた部分を控除して賃金を支払うことは、賃金全額払原則に違反しないのかな。

学生C　払いすぎた部分を使用者が天引き控除して取り戻すだけですので、賃金全額払原則との関係では何も問題はありません。したがって、誤って支払った金額の多寡にかかわらず、使用者は、翌月の賃金から自由に天引き控除することができます。

教　授　労働組合と使用者との間の協定に基づき、使用者が労働者である組合員の賃金から組合費を控除して、それらを一括して労働組合に引き渡すことをチェック・オフといいますが、この場合も賃金控除協定は必要となるのかな。

学生D　学説上は、賃金控除協定は不要とする見解もありますが、判例は、チェック・オフも賃金全額払原則の規制に服し、賃金控除協定が必要であるという立場をとっています。

1　AとBの発言　　2　AとCの発言
3　AとDの発言　　4　CとDの発言

中

A21　正解は2

　労基法24条は全額払いの原則を定め、賃金を控除することができるのは例外的な場合に限定しています。法が定める例外の代表例は、事業場の過半数を代表する者（過半数組合、これがなければ事業場の労働者の過半数代表）との書面による協定（賃金控除協定）が存在する場合です。賃金控除協定が活用される具体例としては、社宅の家賃支払いのための賃金からの天引き（相殺）等があります（Bは正しい）。また、労働組合の組合費を使用者が天引きして、徴収したお金をまとめて組合に渡すチェック・オフの実施について、判例は賃金控除協定を必要としています（Dは正しい）。さらに判例は、労働者が賃金債権を放棄したのであれば「全額払いの原則」に抵触するものではないとしています（Aは誤り）。加えて、過誤払いの調整のための相殺について、判例は、調整的相殺が許されることもあると認めた上で、その要件として、①過払いのあった時期と賃金の清算調整の実を失わない程度に合理的に接着した時期に行われるものであること、②精算調整を行うことが労働者に予告されていること、③額が多額にわたらないものであることを挙げています。

◆割増賃金

Q22 時間外労働・割増賃金について、誤っているものをすべて選びなさい。　【正解率51%】

1　36協定の締結・届出に加え、労働契約上の根拠があれば、使用者は労働者に時間外・休日労働を命じることができ、労働者が子どもの急病などで帰宅しなければならない状況でも拒否することは許されない。

2　部長や工場長という肩書きがあれば、通常は経営者と一体的な立場にあるので、実態をみるまでもなく労基法41条の管理監督者に該当し、労働時間規制の適用除外となる。

3　時間外割増賃金込みで月40万円という賃金の定め方は、時間外労働等の対価とそれ以外が不明確なので違法である。

4　「役割手当」という名称の手当を設け、「時間外割増賃金および職務・役割に応じた対価を含む」と定めておけば、ある程度、時間外労働等の対価とそれ以外との区分ができているので、「役割手当」は定額残業代とみなされることになる。

中

Q&A 賃 金

A22　正解は1、2、4

　1については、判例は、就業規則に時間外労働を命ずる規定があれば、労働者は残業命令に従わなければならないとしていますが、労働者が子どもの急病などで帰宅しなければならないような場合にまで残業義務を認めるものとは考えられず、本問のような場合には残業命令を拒否することに正当な理由があると考えられます。

　また、2については、労基法上の管理監督者に該当するかは、職務権限・内容、勤務態様、待遇を考慮した実態判断によります。

　3、4については、固定残業代支給が有効となるためには少なくとも時間外労働等の対価とそれ以外の通常の労働に対する対価部分が明確に区分されていることが要件となります。したがって3は正しく、4については「職務・役割」の対価という性格も併せ持つように読めるため区分が不明確であるといえます。

Q23 労基法上の割増賃金について、正しいものをひとつ選びなさい。 【正解率91%】

1 1日の所定労働時間が5時間の場合で、1日の実労働時間が6時間であったとき、使用者には割増賃金の支払義務がある。

2 1日の実労働時間が8時間以内である場合には、労働が深夜時間帯（午後10時から午前5時まで）に及んでも、使用者には深夜割増賃金の支払義務はない。

3 賃金が歩合給で支払われる場合には、労働時間が何時間であっても、使用者には割増賃金の支払義務はない。

4 労働が深夜時間帯に及んだ場合には、労基法上の管理監督者に該当する者に対しても、使用者には深夜割増賃金を支払う義務がある。

◆退職金

Q24 退職金について、誤っているものをすべて選びなさい。 【正解率47%】

1 使用者が退職金規程を設けていない場合でも、労働者には在籍年数に応じて当然に退職金を請求する権利がある。

2 使用者が退職金規程を設けている場合でも、労働契約において退職金の定めがなければ、使用者には退職金の支払義務はない。

3 使用者が労働者を懲戒解雇した場合には、退職金規程の内容にかかわらず、退職金の支払義務はない。

4 退職金規程において、退職事由に応じて支給する退職金に差異を設けることも許される。

中

Q&A 賃 金

A23　正解は4

　1は、労基法37条の割増賃金規制は法定労働時間規制を超える残業が対象であり、同条は法内残業については割増賃金支払義務を定めるものではありません。2は、所定労働時間内の深夜労働であっても、割増賃金の支払いは必要です。3は、歩合給であっても割増賃金規制の対象となります（労基法施行規則19条1項6号）。4は、労基法上の管理監督者についても深夜時間帯の労働については割増賃金の支払いが必要となります（ことぶき事件・最二小判平21.12.18）。

A24　正解は1、2、3

　労働者が退職金請求権を有するかどうかは、原則として使用者が退職金規程等で退職手当制度を設けているかどうかによりますので、1は誤りです。

　退職金規程が設けられている場合、特段の事情がない限りは就業規則と一体のものとして扱われますので、労働契約に定めがなくとも、労働契約上、使用者は退職金支給義務を負います。よって、2は誤りです（労契法7条、12条も参照）。

　退職金規程が存在する場合に、懲戒解雇者に対して退職金を不支給とするかどうかは、規程の内容によります。よって、3は誤りです。なお、懲戒解雇者に対する退職金不支給の定めが存在しても、一部支給を認めた裁判例もあります（小田急電鉄（退職金請求）事件・東京高判平15.12.11）。

　退職金の額については、自己都合退職か会社都合退職かなど、退職事由に応じて支給率に合理的な差異を設けることも許されますので、4は正しいです（労契法7条参照）。

◆賞 与

Q25 賞与について、正しいものをすべて選びなさい。

【正解率14%】

1　賃金規程に「会社は、毎年6月および12月に賞与を支給する」旨の規定がある場合、賞与を支給することを約束している以上、労働者は会社に対して賞与を請求する具体的権利がある。

2　過去ずっと一定額の賞与が支払われてきた実績がある場合、賞与支払いの労使慣行が成立しているとして、使用者には労働契約に基づき賞与の支払義務が生じる場合がある。

3　賞与を一定の対象期間（以下「評価期間」という）の勤務成績などの評価に応じて支給すると規定している場合、当該評価期間の勤務をすでに終えたならば、賃金規程に「賞与は支給日に在籍している者に限り支給する」旨の規定があり、支給日を待たずに労働者が任意に退職していたとしても、使用者は退職した労働者に賞与を支払う義務がある。

4　賃金規程に「会社は、毎年6月および12月に、業績および本人の勤務状況成績等を勘案し、賞与を支給することがある」旨の規定がある場合、業績が悪ければ賞与を支払わないことも可能である。

中

A25　正解は2、4

　本試験では1、2、4と1、4という誤答が多く見られました。

　1については、このような規定があったとしても金額が不確定である以上は「○○円支払え」という具体的な請求権があるとはいえず、あくまで抽象的な権利にとどまります。

　2については、一定額の賞与が支払われてきたという実績があれば、それが賞与支給の慣行となり、契約内容を決定することがあります。

　3については、判例では、支給日に在籍していることを支給の条件とすることは有効とされていますので、賃金規程どおり、支給日前に任意に退職した労働者に対して賞与を支給する義務はないといえます（大和銀行事件・最一小判昭57.10.7）。

　4については、このような規定も有効であり、賞与を支給しないことも可能です。

4 労働時間

◆労働時間

Q26 労働時間について、正しいものをすべて選びなさい。

1 労働者が何時間働いたかを含めて労働時間の状況を把握することは法律上の義務であるが、自主申告制で労働時間を把握したとしても違法ではない。

2 使用者が把握した労働時間に関する記録については、労働者から資料の開示を求められても、これに応じる必要はなく、不開示について法的責任を問われることはない。

3 労働時間は、事業場を異にする場合においても通算して計算されるため、たとえばA社で7時間働き、B社で4時間アルバイトとして就労する場合、労働時間は11時間と算定され、後に契約を締結したB社のほうが時間外労働の割増賃金を支給することになるというのが行政解釈である。

4 最近では携帯電話などの通信機器が普及し、事業場外のみなし制度の要件である「労働時間を算定し難い」場合は観念しにくいため、判例でも、業務の性質や内容、その遂行態様などを考慮するまでもなく、事業場外労働制度の適用が否定されている。

A26　正解は1、3

　働き方改革法に基づく安衛法改正により、使用者の労働時間の状況把握が法律上の義務となりました（安衛法66条の8の3）。タイムカードやパソコンの使用時間の記録などの客観的な方法で把握できない場合には、自己申告による把握も可能ですが、通達上、適正な自己申告を行わせるための措置を講じることが求められています。

　2については、使用者が労働時間に関する記録文書を開示しないことについて損害賠償責任を肯定する裁判例があります。また、前述の安衛法改正により、時間外・休日労働時間が月80時間を超えた労働者に対して、把握した「労働時間の情報」を通知しなければならないとされました（安衛法施行規則52条の2第3項）。

　4については、判例では「業務の性質、内容やその遂行の態様、状況」等を考慮して判断することとなっています（阪急トラベルサポート事件・最二小判平26.1.24）。

Q27　事業場外労働のみなし制について、正しいものをすべて選びなさい。　【正解率47%】

1　使用者の具体的な指揮監督が及ぶ場合には、「労働時間を算定し難いとき」の要件に該当しない。

2　外交セールスに従事する労働者の労働時間については、常に所定労働時間労働したものとみなすことができる。

3　労基法の事業場外労働のみなし制が適用された場合、就業規則等で所定労働時間労働したものとみなすと定めているならば、原則としてその定めに従うことになる。

4　最近では携帯電話等の通信機器が普及したため、事業場外のみなし制度の要件である「労働時間を算定し難い」場合は観念できない。

Q28　労働時間と賃金をめぐる次の発言について、誤っているものをひとつ選びなさい。　【正解率78%】

発言⑦　最高裁は、労働時間かどうかは使用者の指揮命令下にあるか否かを客観的に判断するという立場です。

発言⑦　判例の立場によると、労働時間を労働者と使用者との間で合意して決めることはできません。

発言⑦　労基法上の労働時間に該当するとしても、仮眠時間のように労働密度が極めて薄い場合には、通常の労働に対する対価よりも低い賃金を設定しても問題はないと考えます。

発言⑦　労働密度に応じて賃金額を当事者が合意で決められるわけですから、仮眠時間も含めて法定労働時間を超えた部分について割増賃金の支払いは不要とする合意も有効となります。

1　発言⑦　　2　発言⑦　　3　発言⑦　　4　発言⑦

中

A27　正解は1、3

　事業場外労働のみなし制は、使用者の具体的な指揮監督が及ばない場合に、例外要件を満たす場合を除き、原則として就業規則等において労働者が労働契約で労働すべきとされている時間（所定労働時間）労働したとみなす制度です。使用者の具体的な指揮監督が及んでいるか否かがポイントであり、外交セールスといった職種や携帯電話等を所持しているといったことだけでは、事業場外労働のみなし制の適用があるかどうかは判断できません。

A28　正解は4

　1、2は、三菱重工長崎造船所事件（最一小判平12.3.9）の理解を問うものであり、労働時間かどうかは客観的に見て指揮命令下にあるか否かにより判断されるため、合意の有無では影響を受けません。3、4は大星ビル管理事件（最一小判平14.2.28）の理解を問うものです。仮眠時間が労働時間に該当するとしても、賃金規定等で別途手当を支給する旨を定めていた場合には、仮眠時間に対応する賃金はその定めによることになります。ただし、労基法37条の割増賃金の不払いが生じるときは、使用者は同法13条に基づいて割増賃金の支払義務を負います。

◆年次有給休暇

Q29 年次有給休暇について、誤っているものをすべて選びなさい。　【正解率38%】

1　判例は、年休の法的性質について、労働者の請求を使用者が承認することにより年休の効果が発生するという請求権説の立場に立っている。

2　労働者から年休の申請があった場合、使用者はその時季に年休を与えることが「事業の正常な運営を妨げる場合」には他の時季にこれを与えることができるので、恒常的に人手が不足がちであるという事情があれば、使用者の時季変更権の行使により、労働者は他の時季に年休を取得しなければならない。

3　労働者が何日も連続して年休を取得することは、使用者にとっては人員配置に大きな支障となるため、労働者が、長期連続の年休取得について会社と事前の調整を十分経ることなく、その有する年休日数の範囲内で休暇を取得しようとした場合には、使用者の裁量が一定程度尊重され、時季変更権の行使が適法とされやすい。

4　未行使の年休権は2年間の消滅時効にかかるが、消滅時効前であれば、労働者は使用者に対して年休権の買取りを求める権利がある。

Q30 年次有給休暇について、正しいものをひとつ選びなさい。　【正解率83%】

1　労働者が2週間以上の長期連続の年休を取得する場合、使用者の都合を踏まえて、年休を2分割して取得する必要がある。

2　使用者は、職場の過半数の代表者の同意を得ない限り、時季変更権を行使することはできない。

3　年休は自由利用が原則だが、他の労働者の年休取得との調整のために、使用者が労働者に年休の使途を聞いたとしても違法とはならない。

4　管理職が繁忙期に年休を取得した場合、管理職の適格性を欠くとして役職を解くことは不利益取扱いには当たらない。

A29　正解は1、2、4

　1の年休の法的性質について、判例は、①法定要件充足により発生する年休権と②労働者による時季指定権の2つの権利から構成されるとの理解に立っています。

　2については、「事業の正常な運営を妨げる場合」とは、①事業遂行のための必要人員を欠くなど業務上の支障が生じることだけでなく、②人員配置の適切さや代替要員確保の努力など労働者が指定した時季に年を取得できるよう使用者が状況に応じた配慮を尽くしているかどうかも考慮されますので恒常的な人員不足は理由になりません。

　3の長期間の年休について、判例は、使用者の裁量をより広く認めることを明らかにして、時季変更権の行使を適法としています。

　4については、年休はあくまで休む権利ですので、これを金銭に換価することを保障するものではありません。

A30　正解は3

　1については、2分割することになるかどうかはケースバイケースであって、業務の調整がつくのであれば連続取得も認められます。2については、使用者の時季変更権の行使について、職場の過半数代表者の同意は必要とされていません。3は、年休利用目的は自由とされているものの、他の労働者の年休取得との調整のために労働者に年休の使途を質問することが直ちに違法とまではされないでしょう。4は、年休取得を理由とした不利益取扱いとして許されないと考えられます。

◆休暇・休業・休職

Q31 妊娠・出産・育児について、誤っているものをひとつ選びなさい。 【正解率90%】

1　妊娠中や出産後の女性が、健康診断などを受け、医師から指示された場合は、使用者は勤務時間の変更などの対応をしなければならない。

2　3歳に満たない子を養育する社員に対しては、申し出の有無にかかわらず、所定労働時間を超えて労働させてはならない。

3　正社員だけでなく、契約期間の定めのある労働者であっても、一定の要件を満たしていれば育児休業を取得することができる。

4　妊娠・出産等の事由を契機として不利益取扱いが行われた場合は、原則として、妊娠・出産したことを理由とした不利益取扱いとして扱われる。

中

Q32 妊娠・出産・育児について、誤っているものをひとつ選びなさい。 【正解率80%】

1　健康保険の被保険者が出産した場合、出産育児一時金と出産手当金が支給される。

2　育児休業給付金は、被保険者の性別を問わず支給される。

3　産前休暇は、労働者から請求がなくても取得させなければならない。

4　事業主は、女性労働者が婚姻し、妊娠したことを退職理由とする定めをしてはならない。

A31　正解は2

　使用者には、均等法にもとづき、妊産婦である女性労働者の母性保護のため、妊産婦検診の通院時間を確保し（均等法12条）、医師からの指導事項を守るために、勤務時間の変更や勤務の軽減など必要な措置を講じる義務（同法13条）がありますので、1は正しいです。

　2〜4は、育介法に基づく使用者の義務などを問う選択肢です。まず、2は誤りです。使用者は、3歳に満たない子を養育する社員から申出があったときには、所定時間を超えて労働させることができません（育介法16条の8）。3については、有期契約労働者であっても、勤続1年以上、子が1歳6か月になるまでの間に労働契約が満了することが明らかでない場合は、育児休業の対象となります（育介法5条1項）。もちろん、有期契約労働者のすべてを対象とする旨定めても構いません。4については、育介法10条が、妊娠出産や育休取得等を理由とした不利益取扱いを禁じていますが、その妊娠出産等を契機として（時間的に近接して）不利益取扱いを行った場合には、特段の事情がない限り、育介法10条違反と解されることとなります（広島中央保健生協事件・最一小判平26.10.23）。

A32　正解は3

　産前休暇は労働者の請求を前提とします。また、健康保険の被保険者が出産した場合、産前休暇にかかる所得保障として出産手当金が支給され、出産費用の補填として出産育児一時金が支給されます。育児休業給付金は男女問わず、育児休業を申請し、一定の要件を満たした者に支給されます。事業主は、婚姻、妊娠などを理由とする不利益取扱いが禁止されています（均等法9条1項）。

Q33 休暇・休業について、誤っているものをすべて選びなさい。　【正解率50%】

1　休暇とは、労働義務を負っている「労働日」について使用者から労働義務の免除を得た日を指すので、法律上祝日とされている日について休暇が成立することはない。

2　計画年休制度を採用する場合、その旨を就業規則に規定する必要がある。

3　産前産後休業、生理休暇、育児・介護休業などの法定休暇は、労働者の権利として保障されたものであるので、使用者はこれらの休暇、休業中の賃金を保障しなければならない。

4　産前産後休業、育児休業については、女性保護の観点から不利益取扱いは禁止されるが、介護休業は男女いずれも取得可能なので、介護休業取得者への不利益取扱いは禁止されない。

Q34 休職について、正しいものをひとつ選びなさい。　【正解率75%】

1　起訴休職制度がある場合、起訴されれば直ちに就労不能とみて休職を命じることができる。

2　使用者は、就業規則において、病気休職制度を設けることが義務付けられている。

3　休職中の労働者が復職するにあたって、直ちに従前の業務をこなせない状態であっても、復職拒否が違法となることがある。

4　病気休職で休んでいた労働者が治癒したことにより復職した場合、使用者は業務を命じる際に、病気の再発について配慮する必要はない。

中

A33　正解は1、3、4

　1は、法律上祝日と定められている日を出勤日としても1週間に1日休日を与えていれば労基法違反とはなりませんので、出勤日とされた祝日についても休暇が成立しうることになります。2は、「休暇に関する事項」が就業規則の絶対的必要記載事項であることを問うものであり（労基法89条1号）、計画年休制を採用する場合はその旨を就業規則に盛り込む必要があります。3、4は、法定休暇中の賃金保障と不利益取扱い禁止の理解を問うものです。使用者は年次有給休暇を除き、法定休暇期間中の賃金の支払義務を負いません。また、介護休業取得者への不利益取扱いも禁止されています（育介法10条、16条）。

A34　正解は3

　起訴休職とは、労働者がなんらかの犯罪の嫌疑を受けて起訴された場合に労働者を休職させる制度ですが、裁判例は、起訴の事実だけでは、当然には起訴休職を認めていませんので、1は誤りです。法的には病気休職制度の義務づけはなされておらず、2も誤りです。病気休職から復職した後についても、使用者は安全配慮義務の一環として、病気の再発について配慮する必要があります。

Q35 休職制度について、正しいものをひとつ選びなさい。

【正解率60%】

1　休職制度を設けるか否かは、使用者が自由に決めることができる。

2　休職制度を設けた場合、休職命令の要件や期間は使用者が自由に決められるので、私傷病により2日間欠勤した場合には休職を命じ、1週間以内に復職しない場合には自動退職とするという制度も有効である。

3　休職期間中の賃金は保障しなければならない。

4　復職の判定方法について法的な規制はないので、傷病により休職した労働者の休職事由が消滅したか否かは医学的判断によらずに使用者の裁量的判断により決定するという制度も有効である。

中

A35　正解は1

　1については、休職制度を設けるかどうかは使用者の裁量ですので正しいといえます。2は、2日間の欠勤で休職を命じて1週間で自動退職扱いとするものですが、休職制度が解雇の猶予措置であるという点を踏まえると、休職による自動退職扱いにより、解雇権濫用法理を潜脱し労働者の地位を不当に不安定にするようなことは、休職制度の趣旨に反するものであって、無効であると考えられます。3は、使用者の責に帰すべき事由による休職でなければ無給としても差し支えありません。4は、復職判定にあたっては医師の判断が重視されます。

Q36 メンタルヘルス不調者への対応について、人事部で協議をしています。次の発言のうち、法的に最も誤った内容を含んでいるものをひとつ選びなさい。　【正解率83%】

発言㋐　心の健康問題で休業している労働者がうまく職場に復帰できるようにするためには、休業の開始から通常業務への復帰までの流れをあらかじめ明確にしておくのが望ましいですね。労働者が病気休業期間中に安心して療養に専念できるよう、傷病手当金などの情報提供をするなどの支援をすることも必要です。

発言㋑　職場復帰は元の職場へ復帰させることが原則です。ただ、相当期間内に病気が治癒することが見込まれ、より軽い適切な業務がある場合には、会社は労働負荷を軽減したり、段階的に元へ戻すなどの配慮をすることが重要でしょう。

発言㋒　職場復帰の可否については、労働者や関係者から必要な情報を適切に収集して、復職が可能かどうかを総合的に判断する必要があるでしょう。日常生活ができる程度に病状が回復していれば、本人のためにも職場復帰をさせるべきです。

発言㋓　労働者の健康情報等はプライバシーに関する情報です。労働者の健康情報等は厳格に保護されなければなりません。

1　発言㋐　　　2　発言㋑　　　3　発言㋒　　　4　発言㋓

中

A36　正解は3

　1、2について、厚生労働省は「労働者の心の健康の保持増進のための指針」を策定しています。この指針では、メンタルヘルス・マネジメントとして、①教育研修・情報提供、②職場環境等の把握と改善、③メンタルヘルス不調者への気づきと対応のための体制整備、④職場復帰段階における支援の重要性が挙げられています。4については、個人情報保護法でも健康情報は厳格な保護が求められています。3は、日常生活ができる程度に病状が回復していても就労に耐えられるかは別の判断であり、本人の希望や主治医の判断も重要となります。したがって、一概に職場復帰をさせるべきとはいえないでしょう。

5 雇用終了

◆辞　職

Q37 事例を読んで、ＸＹ間の労働契約終了の効果の発生時点として正しいものをひとつ選びなさい。　【正解率63%】

事例：Ｙ社に雇用されているＸは、転職のためＹ社を退職しようと、社長に辞表を提出しました。しかし、社長はＸを社業に必要な人員だと考えており、「頼むから辞めないでほしい」と述べ、辞表を読まずに捨ててしまいました。

1　辞表を出したときに発生する。
2　辞表を出した翌日に発生する。
3　辞表を出した２週間後に発生する。
4　何も効果は発生しない。

中

A37　正解は3

　Xは辞表を提出していますが、これは辞職（労働者による労働契約を解約する意思表示）と評価されます。期間の定めのない労働契約においては、労働者は2週間の予告期間をおけばいつでも解約することができますので、本問では、辞表を提出した2週間後に労働契約が終了するという効果が発生します。

　なお、Y社の社長が辞表を読まずに捨てたことは、辞職の効力には影響ありません。

Q38 事例を読んで、XのY会社に対する次の主張のうち、法的に最も誤った内容を含んでいるものをひとつ選びなさい。 【正解率11%】

事例：Y会社に雇用されているXは、A社長から些細な仕事上のミスを指摘され、叱責を受けた後に、「すぐ辞めないならば、懲戒解雇する。」などと言われたことから、感情的になって「こんな会社辞めてやる」と言って退社をしました。しかし、納得ができなかったXは翌朝出社して、A社長に「ミス自体は謝罪するが、辞めるつもりはない」と言ったところ、A社長は「辞めると言った以上、雇用を続けるつもりはない」と述べて、Xの就労を拒絶しました。これに対し、Xは次のように述べ、XY間の労働契約は終了していないと主張しました。

1 確かに、「こんな会社辞めてやる」とは言いましたが、A社長からの叱責は強迫といえます。
2 確かに、「こんな会社辞めてやる」とは言いましたが、ミスを理由とする懲戒解雇が有効なものと誤解していたので、錯誤にもとづくものといえます。
3 確かに、「こんな会社辞めてやる」とは言いましたが、私は感情的になっており、また所定の退職届も提出していないので、退職の意思表示をしたとはいえません。
4 A社長の「雇用を続けるつもりはない」という発言は解雇といえますが、合理的理由はありません。

中

A38 正解は1

　まず、Xの「辞めてやる」との発言ですが、労働者が感情的になり、かつ、退職届を提出せずに口頭で「辞めてやる」と述べた本事例では、それをもって合意解約の申込みとまではいえませんので、3は正しいです。次に、仮に、「辞めてやる」との発言が合意解約の申込みであると理解したとしても、Xに錯誤や強迫・詐欺の事情があれば、その無効・取消を主張することができます。ただし、ミスに対する叱責だけでは強迫とまではいえないため、1が最も誤りであり、2は正しいです。

　2、3により合意解約の効力が認められないと、A社長の発言は解雇となりますが、法的に効力のない「辞めてやる」との発言は合理的な解雇理由とはいえませんので、4は正しいです。

◆定　年

Q39 60歳定年制をとっている企業が講じるべき措置として、高年齢者雇用安定法の趣旨に沿うものをすべて選びなさい。 【正解率38%】

1　定年を70歳に引き上げる。

2　定年を迎えた労働者のうち希望者のなかから、あらかじめ企業が定めた基準で選考して一部を再雇用する。

3　定年を迎えた労働者のうち希望者を、65歳まで自社の完全子会社で再雇用させる。

4　定年を迎えた労働者のうち希望者を、65歳まで週３日勤務の条件で再雇用する。

◆解　雇

Q40 事例を読んで、Ｙ社がとるべき手段として法的に適切なものをすべて選びなさい。 【正解率87%】

事例：Ｙ社に正社員として雇用されているＸは、毎年度末に行われる人事考課において、３回連続で全従業員の最下位にランク付けされるほど能力が不足していました。そのため、Ｙ社はいずれＸには退職してもらわなければならないと考えています。

1　一切の仕事を与えず、自ら辞職を申し出るよう仕向ける。

2　別の部署に配置換えをして適性を確かめ、それでも改善されなければ普通解雇する。

3　問題点が改善するよう繰り返し指導して、それでも改善されなければ普通解雇する。

4　３年前にＸが社内で起こした刑事事件を理由に懲戒解雇する。

中

A39　正解は1、3、4

　現在、高年齢者雇用安定法に基づく高年齢者雇用制度において定年を定める場合、60歳を下回ることができません（8条）。

　また、65歳未満の定年を定めている事業主に対して、65歳までの雇用を確保するため、①定年の引上げ、②継続雇用制度の導入、③定年の定めの廃止のいずれかの措置（高年齢者雇用確保措置）を導入することが義務づけられています（9条）。

　2については、法改正により、2013年4月から廃止されました。

A40　正解は2、3

　1については、退職勧奨の態様が問題となります。本問のように、一切の仕事を与えない、労働者を隔離する、長時間・複数回にわたって執拗に退職勧奨をするなどの使用者の行為は、社会的相当性を逸脱しているといえ、違法と認められます。

　2、3については、能力不足を理由として解雇をする場合は、能力が著しく低いことに加え、労働者に改善の機会を与えること等の事情があれば、合理的な理由があると認められます。

　4については、企業秩序維持を理由とする懲戒処分といえるところ、事件後あまりに長期間を経過している場合にはその間に企業秩序は徐々に回復しているといえますので、懲戒権の濫用と認められます。

Q41 普通解雇が裁判で無効とされた場合の賃金等の取扱いについて、正しいものをひとつ選びなさい。【正解率60%】

1 　解雇されてから解雇無効が確定するまでの間の賃金は、労基法26条の休業手当とみなされ、平均賃金の６割のみの支払いが命じられる。

2 　解雇されてから解雇無効が確定するまでの間の賃金に加えて、裁判所は、労基法114条の付加金の支払いを命じることができる。

3 　労働者が解雇によって精神的苦痛を受けた場合、裁判所は、解雇されてから解雇無効が確定するまでの間の賃金とは別に、慰謝料の支払いを命じることができる。

4 　労働者が解雇された後に他で働いて収入を得ていた場合には、その収入を使用者に全額返還しなければならない。

Q42 解雇について、誤っているものをひとつ選びなさい。
【正解率36%】

1 　労働者の責に帰すべき事由に基づいて解雇する場合、事前に労働基準監督署長の認定を受けたときは、解雇予告規定は適用されない。

2 　労働者が業務上の負傷をして３日間休業した場合、使用者は、休業中の３日間とその後の30日間、この労働者を解雇することはできない。

3 　労働者が業務上の負傷をして２年を経過しても治らない場合、使用者が打切補償を支払ったときは、この労働者を解雇することができる。

4 　労基法の解雇予告規定には罰則規定があるため、これに違反した使用者には刑事罰が科される可能性がある。

A41　正解は3

　解雇が無効と判断された場合、労働者は、解雇期間中の賃金の全額を請求することができます。ただし、労働者が解雇期間中に他で働いて収入を得ていた場合には、その収入額が解雇期間中の賃金額から控除されますが、当該賃金額のうち平均賃金の6割に達するまでの部分については控除することができません。賃金請求とは別に、著しく相当性を欠く解雇によって労働者が精神的苦痛を受けた場合、裁判所は慰謝料の支払いを命ずることができます。しかし、解雇期間中の賃金の未払いについて労基法114条は適用されませんので、付加金の支払いを命ずることはできません。

A42　**正解は3**

　労働者の責に帰すべき事由により解雇をする場合、事前に労基署長の認定を受けると、解雇予告または予告手当の支払いを義務づけている解雇予告規定（労基法20条1項）は適用されませんので、1は正しいです。

　労基法19条1項本文は、労働者が業務上の負傷や疾病の療養のために休業する期間とその後30日間は解雇できない旨定めていますので、2も正しいです。ただし、労働者が療養開始後3年を経過しても治らない場合に、使用者が平均賃金1200日分の打切補償（労基法81条）を支払ったときは、解雇が可能です（同法19条1項ただし書）ので、3は誤りです。

　労基法119条1号は、労基法20条に違反した者を6か月以下の懲役または30万円以下の罰金に処する旨定めていますので、4は正しいです。

Q43 解雇予告制度について、誤っているものをひとつ選びなさい。 【正解率45%】

1　使用者の労働者に対する解雇予告の日数は、平均賃金を支払った日数分だけ短縮することができる。

2　試みの使用期間中の労働者を解雇する場合、解雇予告制度は適用されない。

3　労働者の責に帰すべき事由に基づいて解雇する場合、事前に労働基準監督署長の認定を受けたときは、解雇予告制度は適用されない。

4　行政通達は、有期労働契約の雇止めにあたっては、契約を3回以上更新した者、または1年を超えて継続勤務している者に対して、解雇予告を要するとしている。

Q44 整理解雇の4要件（4要素）について、正しいものをすべて選びなさい。 【正解率22%】

1　倒産必至といえるほど財政が悪化していない限り、人員削減の必要性は認められない。

2　役員の報酬減額、遊休資産の処分がされていない限り、十分な解雇回避措置を講じたとは認められない。

3　50歳以上の女性のみを対象とする整理解雇には、被解雇者選定の合理性が認められない。

4　整理解雇に際して労働組合との協議を義務づける内容の労働協約が締結されていなかったとしても、会社は労働組合と協議すべき信義則上の義務を負う。

中

A43　正解は2

　解雇予告制度により、使用者が解雇をする場合は、少なくとも30日前に予告するか、30日分以上の平均賃金を支払わなければなりませんが、予告の日数は、1日あたりの平均賃金を支払った分だけ日数を短縮することができます。また、解雇予告制度が適用されない場合として、14日を超えない試みの使用期間中の労働者を解雇する場合、労働者の責に帰すべき事由に基づく解雇で、事前に労働基準監督署長の認定を受けた場合があげられます。

A44　正解は3、4

　人員整理の必要性については、倒産必至といった高度な必要性まで要求されるものではなく、経営上の困難から人員削減が必要とされる程度で足りるとされていますので、1は誤りです。解雇回避努力について、解雇回避措置は配転・出向、希望退職の募集から、役員報酬減額、遊休資産の処分まで様々なものが考えられますが、使用者にすべての手段を尽くすことまで求められてはおらず、実現可能な最大限の努力が求められています。このため、役員報酬の減額、遊休資産の処分が必須とまではいえないので、2は誤りです。

　3は人選の合理性、4は手続の妥当性に関するものであり、ともに正しいです。

Q45 解雇についての文章を読んで、この文章の下線部AからDまでのうち、誤っている部分をひとつ選びなさい。

【正解率54%】

法令によって、労働者に著しい不利益が及ぶことが明らかな状況にあったり、政策的な観点から特定の理由に基づく解雇を禁止すべき状況にある場合には、解雇が禁止されています。

たとえば、労基法19条1項は、「A使用者は……産前産後の女性が第65条によって休業する期間及びその後30日間は、解雇してはならない」として、産前産後の休業中の解雇を禁止しています。なお、Bこの解雇禁止期間中に解雇予告をすることについても、労働者保護の観点から、許されないものと理解されています。同条項の解雇禁止には例外があり、やむを得ない事由のために事業の継続が不可能となった場合であり、その事由について行政官庁の認定を受けなければなりません。

また、男女雇用機会均等法では、C婚姻・妊娠・出産等を理由とする解雇が禁止され、育介法では、D育児・介護休業の申出、取得を理由とする解雇が禁止されています。

1 下線部A 　2 下線部B 　3 下線部C 　4 下線部D

Q46 事例を読んで、Y社がXに支払わなければならない未払賃金額として正しいものをひとつ選びなさい。

【正解率37%】

事例：Y社を解雇されたXは、解雇直後に訴訟を提起し、復職を目指して争っています。Xの従前の月給は30万円でしたが、Y社は解雇後に解雇予告手当を支払っていません。また、Xは以前から賃貸不動産の経営で月額15万円の副収入を得ており、解雇後はその収入と月10万円のアルバイト収入で生計を立てています。その後、この訴訟は解雇後ちょうど12か月で判決に至り、Xの復職とその間の賃金支払いが認められました。

1 60万円 　2 216万円 　3 240万円 　4 390万円

中

A45　正解は2

　労働者が解雇されると、生活のための賃金を得ることができず、経済的にも精神的にも大きな不利益を被ることとなります。そのため、法令による解雇の禁止、解雇予告規定、解雇権濫用法理等によって、労働者は保護されています。本問は、法令による解雇の禁止に関する記述の誤りを問うものです。下線部Ⓐ、Ⓒ、Ⓓは、いずれも各法律の条文を正しく説明しています。しかし、下線部Ⓑは、解雇禁止期間中に解雇予告をすることは、この期間中に解雇の効力を発生させるものではないため、許されるものと理解されています。よって、下線部Ⓑは誤りです。

A46　正解は3

　無効な解雇をした会社は、原則として、解雇から復職するまでの期間の賃金を労働者に対して支払わなければなりませんが、その4割までは労働者が得た中間収入を控除することができるとされています。

　本問においては、Ｙ社は月給30万円×12か月＝360万円をＸに支払わなければならないところ、Ｘは月給10万円×12か月＝120万円の中間収入を得ています。これは毎月4割を下回っており、Ｙ社はその全額を控除することができますので、360万円－120万円＝240万円が正解となります。

　なお、Ｘが得ていた不動産収入については、収入が副業的であり、解雇がなくても得られていた利益であるため、中間収入の控除の対象とはなりません。

◆懲　戒

Q47 懲戒について、誤っているものをひとつ選びなさい。
【正解率78%】

1　労働者の私生活上の非行は、使用者の業務に直接関係する場合や、使用者の社会的評価が低下したといえる場合にはじめて懲戒処分の対象となりうる。

2　使用者は、周知された就業規則に懲戒処分の種類や懲戒事由、懲戒の方法などのルールを定めてある場合にのみ、懲戒処分をすることができる。

3　労働者の役職や資格が下げられる降格は、人事権の行使として行われる場合と、懲戒処分として行われる場合がある。

4　使用者が労働者に対して懲戒解雇をしたが、その後、当該懲戒解雇をした時点では認識していなかった非違行為が判明した場合、その非違行為を当該懲戒解雇の理由とすることができる。

Q48 次の使用者の懲戒権行使のうち、濫用もしくは違法と評価されるものをすべて選びなさい。
【正解率63%】

1　30分以上の遅刻1回で1日分の給料を減給する。

2　同様のパワハラ行為をした男女の労働者のうち、男性だけを懲戒する。

3　高卒者を対象とする求人に、学歴を偽って応募し採用された大卒者を懲戒する。

4　高卒者を対象とする求人に、学歴を偽って応募し採用された中卒者を懲戒する。

中

A47　正解は4

　1について、判例は、非行の性質や、企業の事業の種類等、当該労働者の社内における地位等を考慮して、懲戒事由となるかを判断しています。

　2については、使用者が労働者に対して懲戒処分をするためには、周知された就業規則に懲戒のルールが定められていることが必要と理解されています（フジ興産事件・最二小判平15.10.10）。

　4については、懲戒権濫用法理により、懲戒処分事由を追加することは禁止されており、追加する旨の主張をしても、法的には意味がないといえます（山口観光事件・最一小判平8.9.26）。このため、4が誤りとなります。

A48　正解は1、2

　1については、1回の非違行為に対して1日分の減給をしていることが、労基法91条に違反します。同条は、「1回の額が平均賃金の1日分の半額を超え、総額が1賃金支払期における賃金の総額の10分の1を超えてはならない」と定めています。

　2については、労働者によって取扱いが平等でないため、懲戒権の濫用と認められます。

　3、4については、どちらも懲戒処分が有効と判断されます。学歴などの重要な経歴は労働者の評価に密接な関連を有しますので、経歴詐称（低く詐称する場合を含みます）を理由とする懲戒解雇は、判例もそれを有効と認めています（炭研精工事件・最一小判平3.9.19）。

Q49 事例を読んで、懲戒解雇に関する説明として正しいものをひとつ選びなさい。 【正解率78%】

事例：鉄道会社Ｙ社に勤務するＸは、ほかの鉄道会社の電車内で痴漢行為を行い、戒告処分を受けた後に、さらに別の鉄道会社の電車内で痴漢行為を行って、逮捕、起訴された結果、罰金刑を受けました。このため、Ｙ社は、Ｘを懲戒解雇するとともに、退職金を支給しない処分をしました。

1　懲戒解雇が有効である場合には、Ｘが退職金を請求する余地はない。
2　就業規則に、懲戒解雇ができる旨の定めがある場合には、Ｘに対する懲戒解雇は有効となる。
3　痴漢行為は私生活上の非行であるため、懲戒の対象となることはない。
4　懲戒解雇の後に判明したＸの別の窃盗行為を、Ｙ社は、遡って懲戒解雇の理由とすることはできない。

中

A49　解答は4

　有効な懲戒解雇がされた場合に、労働者が退職金を請求できるかについては、就業規則（退職金規程）の定め次第ですので、必ず退職金請求ができなくなるわけではありません。1は誤りです。

　使用者が懲戒解雇をするには、懲戒処分の対象となる非違行為を懲戒事由として就業規則などで定めておく必要があります。企業外での痴漢行為そのものは私生活上の非行ではありますが、その非行によって企業の社会的評価が低下する等の場合には懲戒事由に該当すると考えられます。2、3は誤りです。

　ある懲戒処分をした時点で使用者が認識していなかった非違行為を、当該処分の理由に追加することはできません。4は正しいです。

◆有期雇用契約と雇止め

Q50 無期労働契約への転換申込制度について、誤っているものをひとつ選びなさい。 【正解率61%】

1　平成25年4月1日以降、有期労働契約が通算5年を超えて反復更新された場合で、現在締結している有期労働契約の期間中に、労働者が無期労働契約の締結の申込みをしたときは、使用者は当該申込みを承諾したものとみなされる。

2　契約期間1年の有期労働契約が反復更新される場合で、以前の契約期間の満了と次の契約期間の開始との間に6か月以上の空白期間があるときは、以前の契約期間は、通算契約期間に算入されない。

3　有期労働契約が無期転換した際の労働条件は、無期契約労働者の労働条件と同一となる。

4　使用者が労働者の無期転換申込権をあらかじめ放棄させることは、許されない。

中

A50　正解は3

　平成25年4月1日以降に開始する有期労働契約が通算5年を超えて反復更新された労働者が無期労働契約の締結を申し込むと、使用者はこれに承諾したものとみなされます。この無期転換申込権をあらかじめ放棄させることは許されません。ただし、いわゆるクーリング期間がある場合には、通算期間がリセットされます。この無期転換した際の労働条件は、「別段の定め」がないかぎりは、契約期間を除き従前と同一であるため、必ず無期契約労働者（たとえば、正社員）と同一となるわけではありません。

Q51 事例を読んで、ＸＹ間の有期労働契約の終了に関する説明として、誤っているものをひとつ選びなさい。

【正解率93%】

事例：Ｘは、Ｙ会社との間で、パートタイム労働者として、６か月の有期労働契約を締結しました。入社の際にはその旨明記されている雇用契約書に署名しましたが、その後の契約更新にあたって契約書は作成していません。契約更新時に、ＸはＡ社長から「契約を更新するから。よく働いてくれているよね、いつかは正社員にしようかと思っているんだ。」と毎回言われていました。契約の更新が続いて５年経過したところ、Ａ社長から「次の期間満了で契約を打ち切る」と言われました。

1　Ａ社長の「次の期間満了で契約を打ち切る」との発言は雇止めに該当するので、有期労働契約が更新される合理的な期待がある場合には、解雇権濫用法理が類推適用される。
2　Ｘは当初、雇用期間を６か月とする雇用契約書を作成しているが、その後の契約更新の際に新たな契約書を作成していなかったことは、Ｘの雇用継続の期待を高めるものと評価される。
3　Ａ社長の「よく働いてくれているよね、いつかは正社員にしようかと思っているんだ。」との発言は、Ｘの雇用継続の期待を高めるものと評価される。
4　Ｘはパートタイム労働者の地位にあるので、Ｘが従事している業務内容にかかわらず、雇用継続の期待が低いものと評価される。

A51　正解は4

　労契法19条が定める解雇権濫用法理の類推適用にあたっては、当該雇用の臨時性・常用性、更新の回数、雇用の通算期間、契約期間管理の状況、雇用継続の期待をもたせる言動・制度の有無等の事情から総合的に評価されます。このため、1～3については正しいといえますが、4については、従事する業務内容によって「当該雇用の臨時性・常用性」の判断が異なりますので、誤りといえます。

◆雇用終了と雇用保険

Q52 **雇用保険の基本手当について、正しいものをすべて選びなさい。** 【正解率42%】

1 基本手当は、労働基準監督署において失業の認定を受けなければ支給されない。
2 基本手当は、体調不良や転居など自己都合により退職した場合にも支給される。
3 基本手当は、被保険者期間に応じて支給される。
4 基本手当は、求職の申込みをしていない失業者にも支給される。

Q53 **雇用保険について、誤っているものをひとつ選びなさい。** 【正解率67%】

1 正社員として採用された労働者が、就労して1年を経過した後に、雇用保険に未加入であることが判明した場合、1年間遡って加入することができる。
2 雇用保険に加入している労働者が、私傷病により長期間働くことができなくなったことにより退職をした場合、基本手当は給付されない。
3 雇用保険に加入している労働者に給付される基本手当の給付日数は、自己都合退職か会社都合退職かによって異ならない。
4 雇用保険に加入している労働者に給付される基本手当の給付日数は、加入していた期間によって異なる。

中

A52　正解は2、3

　基本手当は、公共職業安定所（ハローワーク）に来所して、求職の申込みを行い、失業の認定を受けなければ支給されません。基本手当は、受給者の被保険者期間に応じて支給日数が定まります。

　また、体力の不足、心身の障害等により離職した者や、結婚にともなう住所の変更などにより、通勤不可能または困難となったことにより離職した者など、正当な理由のある自己都合により離職した者（特定理由離職者）についても基本手当が支給されます。

A53　正解は3

　1については、雇用保険が未加入であった労働者を救済する措置として、給料から雇用保険料を控除していた場合には控除していたことが確認できた期間、控除していなかった場合は2年まで、遡って加入することができますので、いずれにせよ1年間遡って加入することができます。

　2については、病気により退職した場合、当面の間は仕事をする能力がないものとして「求職者」といえませんので、基本手当の給付の対象とはなりません。

Q54 雇用保険について、正しいものをひとつ選びなさい。

【正解率69%】

1 雇用保険制度の運営費は、労使双方が負担する保険料収入のみによって賄われている。

2 雇用保険の被保険者となる労働者には、年齢の上限が定められている。

3 使用者が労働者の雇用保険加入手続を怠っていた場合、当該労働者の給与から保険料が天引きされていなかったとしても、2年間遡って雇用保険に加入させることができる。

4 雇用保険の基本手当は、労働基準監督署において失業の認定を受けなければ支給されない。

中

A54　正解は3

　1については、雇用保険制度は、保険料収入と国庫負担（給付費の一部と事務費等の全部に充てられる）によって運営されていますので、誤りです。

　2については、日本国内の事業所で働く労働者は、原則として全員が雇用保険の適用対象であり、例外的に、週所定労働時間が20時間未満の者、継続31日以上の雇用が見込まれない者、季節労働者、学生などが適用を除外されています（雇保法6条）。この点、以前は65歳以後に新たに雇用された労働者も適用除外でしたが、2017年以降は65歳以上の労働者全員が「高年齢被保険者」として適用対象となりました。

　3については、前述のとおり原則として全労働者が雇用保険の適用対象であることから、使用者が手続を怠っていても、過去2年間は遡って雇用保険に加入できます。さらに、賃金台帳等で雇用保険料の天引きの事実が確認できる場合には2年を超えて遡ることができます。

　4については、雇用保険の基本手当の受給に際して失業認定を行うのは、労働基準監督署ではなく公共職業安定所（ハローワーク）ですので、誤りです。

6 労働組合法

◆労働組合法の全体像

Q55 労働法上の労働者概念について、正しいものをすべて選びなさい。 【正解率46%】

1 労基法と労組法とで労働者概念は同一である。

2 労基法のほうが労組法よりも労働者概念は広い。

3 労組法のほうが労基法よりも労働者概念は広い。

4 労組法では、労働組合に加入していなければ労働者とみなされない。

Q56 組合事務所の貸与について、正しいものをひとつ選びなさい。 【正解率82%】

1 組合から組合事務所の貸与要求があれば、必ず貸与しなければならない。

2 組合事務所をいったん貸与しても、使用者は自由にその返還を求めることができる。

3 多数組合には組合事務所を貸与し、少数組合には貸与しないことは許される。

4 組合事務所を貸与した場合、相当な理由なしにその利用方法を制限することは許されない。

中

A55　正解は3

　労基法と労組法とでは労働者の定義が異なっています。労基法9条は使用される者で賃金を得る者とされますが、労組法3条は、より広く賃金等の収入で生活する者として失業者も含みます。また労働者は組合員に限定されません。

A56　正解は4

　組合事務所は円滑な組合活動にとって有用です。しかし、組合には組合事務所の貸与を要求する権利はないので、それを貸与するか否かは使用者の自由です。とはいえ、使用者の中立義務から貸与について併存組合を平等に取り扱う必要があります。少数組合であっても同様です。また、いったん貸与をしたならばその利用方法を相当な理由なしに制限することやその返還を求めることはできません。

Q57 ユニオン・ショップ制について、正しいものをすべて選びなさい。　【正解率29%】

1　少数組合であっても、ユニオン・ショップ協定を締結することができる。

2　過半数組合からの要求があっても、使用者は、ユニオン・ショップ協定を締結する義務はない。

3　労働組合からの除名が無効ならば、ユニオン・ショップ協定に基づく解雇も無効となる。

4　ユニオン・ショップ協定に基づき、少数組合の組合員を解雇することは許される。

◆組合内部問題

Q58 労働組合による組合員に対する統制権について、正しいものをすべて選びなさい。　【正解率55%】

1　統制事由や統制手続は、組合規約で定められている。

2　組合費の未納入は、統制事由に該当しない。

3　執行部批判が統制事由に該当することはない。

4　除名が一番重い統制処分である。

中

A57　正解は2、3

　ユニオン・ショップ協定は、使用者と従業員の過半数を代表する組合との間で締結されます（労組法7条1号ただし書）。過半数組合に限定したのは、少数組合との協定によって従業員に対し組合加入を強制することは、従業員全体の意向を適切に反映していないから、といわれます。また、非組合員についてはともかく、ユニオン・ショップ協定により別組合員を解雇することは、別組合の団結権や個々の従業員の組合選択の自由を侵害するので、許されません（三井倉庫港運事件・最一小判平1.12.14）。したがって、1・4は誤った説明です。

　他方、ユニオン・ショップ協定は労使間の合意に基づくので、使用者には締結義務はありません。また、組合による除名が無効ならば、ユニオン・ショップ協定に基づく解雇も無効となります（日本食塩製造事件・最二小判昭和50.4.25）。2・3は、いずれも正しい説明です。

A58　正解は1、4

　労働組合には、適正な内部運営のために、統制権が認められています。もっとも、組合民主主義の観点から、統制権には一定の制限が課されています。

　まず、統制事由や統制手続、さらに統制処分については、組合規約で定められています。統制処分には、戒告、権利停止、除名等がありますが、もっとも重いものは組合員資格を剥奪する除名処分です。統制事由としては、団結阻害行為、争議不参加、組合費未納入等があります。執行部批判については、組合民主主義の観点から広く認められるべきですが、その態様（人格批判）や、いったん内部決定がなされた場合などには、許されないことがあります。

Q59 組合内部問題について、誤っているものをひとつ選びなさい。 【正解率57%】

1　組合は組合員の資格を正規従業員だけに限定することができる。

2　組合員に対する統制権は組合規約にもとづかなければならない。

3　組合は政治活動をすることができない。

4　組合は臨時組合費として他組合支援を目的とする同情カンパを強制徴収しうる。

◆不当労働行為制度

Q60 以下の使用者の行為のうち、不当労働行為と評価されるものをひとつ選びなさい。 【正解率63%】

1　団交参加時間の賃金カットを行わないこと。

2　非組合員からの苦情を処理すること。

3　組合専従役員へ賃金を支払うこと。

4　企業内のすべての組合からなされた組合掲示板の貸与要求に応じないこと。

Q61 いわゆる不当労働行為意思について、正しいものをひとつ選びなさい。 【正解率81%】

1　就業規則にもとづいてなされた処分であれば、不当労働行為とはみなされない。

2　支配介入については、不当労働行為意思は必要とされない。

3　不当労働行為意思の評価においては、組合員であることや、組合活動を理由とした処分か、という差別性が重視される。

4　組合員については、非組合員に比較して寛容な処分でなければならない。

中

A59　正解は3

　労働組合は、主として政治活動はできませんが、付随的に政治活動をすることは許されています。したがって、3は誤っています。

　なお、労働組合の権限は広く認められているので、1、4は正しく、また、統制権との関連では適正手続の要請から組合規約にもとづかなければなりません。

A60　正解は3

　組合活動に一定の便宜を与えることは組合の自主性を大きく阻害するなどその態様によって不当労働行為になります。したがって、3は不当労働行為とみなされます。

　一方、1は例外的に許されます（労組法7条3号ただし書）。また、便宜供与をするか否かは使用者の自由なので組合間差別がないかぎり不当労働行為とはみなされません。

　4は不当労働行為ではありません。

A61　正解は3

　使用者の行為が組合活動を抑制するか否かの判断においては、使用者の反組合的意思が問題になります。主に労組法7条1号の不利益取扱いにつき処分理由の競合のケースで争われ、3のように組合員に対する差別性が重視されます。したがって、組合員を優遇することを意味せず、就業規則の規定だけから不当労働行為の成否が判断されるわけではありません。また、支配介入についても不当労働行為意思は問題になります。

Q62 労働委員会の不当労働行為審査手続について、誤っているものをすべて選びなさい。　【正解率65%】

1　個人申立てより組合申立てのほうが多い。

2　労組法7条の各号について個人申立てが認められている。

3　命令よりも和解によって終結する事件数のほうが多い。

4　不当労働行為の審査手続に労使の委員は関与しない。

Q63 労働委員会制度の特徴について、誤っているものをひとつ選びなさい。　【正解率57%】

1　都道府県毎の労働委員会と、再審査機関として東京に中央労働委員会がある。

2　公益委員、労働側委員、使用者側委員の三者構成である。

3　労働委員会の救済命令には、強制力がない。

4　独立した行政委員会である。

中

A62 正解は2、4

　労働委員会の審査手続は公益委員が中心となりますが、参与委員も審問等に参加します。また、実際の手続は命令までいかず取下げ・和解で終了する例が7割程度を占めます。さらに、申立ての仕方として、個人申立て、組合申立て、連名による申立てがありますが、9割以上が組合申立てです。労組法7条各号の申立適格は、1、3、4号については個人・組合のいずれも申立てが許されますが、2号の団交拒否については組合申立てだけが許されます。

A63 正解は2、3、4

　労働委員会は、不当労働行為の救済と集団的な労使紛争の調整を主目的とします。その構成は、労使紛争の円満な解決のために、公益委員、労働者委員、使用者委員の三者からなります。また、とりわけ、不当労働行為の救済は判定作業ですので、知事部局のコントロールを受けない独立の行政委員会とされています。不当労働行為の申立てがあれば、労働委員会は最終的に救済命令を出します。この救済命令が確定した場合、その不履行については過料に処されます。このような形で命令には強制力がありますが、申立組合に対して金銭を支払うシステムにはなっていません。これは、当事者の和解（解決金の支払い）によるか、裁判所による司法救済（損害賠償の支払いを命じる判決など）によることとなります。

◆団体交渉権・団体行動権の保障

Q64 争議行為の正当性について、正しいものをすべて選びなさい。 【正解率63%】

1 怠業は業務秩序を阻害するので正当ではない。

2 政治目的の争議行為は正当ではない。

3 経営状態が悪い会社に対し賃上げを要求する争議は正当ではない。

4 通告をしないで行う争議行為は正当ではない。

Q65 次のうち、誠実交渉義務に違反する交渉態度をすべて選びなさい。 【正解率44%】

1 交渉時間を1時間に制限する。

2 団体交渉を会社施設以外で行うことに固執する。

3 賃上げが可能であるにもかかわらず、ゼロ回答に固執する。

4 団体交渉を会社施設以外で行うことを提案する。

中

A64　正解は2、4

　争議行為の正当性は、目的、手続、態様から判断されます。その目的については、労働条件と労使関係ルールに関したものが正当とされ、政治目的は正当とされません。また、賃上げ要求は、たとえ経営状態が悪い場合でも労働条件に関係するので正当とされます。手続的には、争議行為をするという通告が必要です。通告をしないでの争議行為は無断欠勤とみなされます。争議態様としては、同盟罷業や怠業が正当とされます。

A65　正解は1、2、3

　使用者は、組合から団交要求があれば誠実に交渉に応じる必要があります（労組法7条2号）。交渉事項にもよりますが、一定の説明や協議を行うためには責任者の出席と相当な時間的余裕が必要です。1時間というのは不誠実とみなされます。

　交渉場所を会社施設外に提案すること自体はそれほど問題はありませんが、固執するとなると不誠実とみなされるでしょう。また、誠実交渉は協約締結に向けて相当な努力をすることなので、ゼロ回答に固執するためには相当な事由が必要とされます。いずれも、提案レベルはともかく、固執となると相当な根拠が必要とされます。

Q66 次のうち、義務的交渉事項とみなされるものをすべて選びなさい。 【正解率37%】

1　就業規則の変更問題

2　工場閉鎖にともなう解雇問題

3　新事業の買収問題

4　組合掲示板の貸与問題

Q67 事例を読んで、問に答えなさい。 【正解率48%】

　事例　Ａ社では、100名の正規従業員と30名のパート従業員とが働いています。コロナ禍によりＡ社の経営が極端に悪化したので、正規従業員については休業を、パート従業員は整理解雇をせざるを得ないという噂となり、Ａ社内部でも検討が始まりました。この動きを察知して、正規従業員30名とパート従業員10名でＢ労働組合を結成し、リストラ反対の立場から団体交渉を要求しました。

　問　Ａ社は、次の理由を挙げて団体交渉を拒否しました。次のうち、団体交渉の拒否理由として正当とされないものをすべて選びなさい。

1　正規従業員とパート従業員とで結成されたＢ労働組合は、適正な労働組合とは認められないから。

2　リストラの噂や会社内部での検討の段階では、団体交渉の必要性がないから。

3　解雇や休業については、裁判所でその適否を争うことができるので、団体交渉の必要性がないから。

4　労働組合の結成について、労働委員会の認証を得ていないから。

A66　正解は1、2、4

　義務的交渉事項とされるのは、賃金等の労働条件や争議条項等の労使関係ルールです。

　4の組合掲示板貸与問題は労使関係ルールに関係し、また、1の就業規則の変更問題も労働条件と密接に関連します。いずれも義務的交渉事項といえます。

　他方、会社役員の人事や事業計画等の管理運営事項は、使用者の専権事項として、原則として義務的交渉事項に当たりません。3の新事業の買収計画は、まさに管理運営事項に他なりません。しかし、工場閉鎖に伴う解雇問題は、解雇問題が労働条件になるので、義務的交渉事項とされます。

A67　正解は1、2、3、4すべて

　労働組合からの団交要求に対しては、使用者は、正当な拒否理由がない限り、原則として応諾する義務があります。正当な拒否理由としては、労働組合がその適格性を欠くこと、交渉事項として熟していないこと、労使が自主的に処理できる問題でないこと等が挙げられます。労働組合の適格性についていえば、労働組合には組合員資格決定の自由があるので、正規従業員とパート従業員を含むことは許されますし、また、組合結成について労働委員会の認証は必要とされません。いずれも、適格性に問題はありません。

　交渉事項についても、解雇や休業は、裁判所においても争うことはできますが、団交においても独自に解決する余地がありますので、正当な拒否事由とはみなされません。

　また、リストラ対策は、その具体化以前に団交によって労使合意を図る必要性が高いので、少なくとも会社内部で検討がなされていれば、団交拒否は許されません。

◆労働協約

Q68 労働協約と就業規則の法的性質について、正しいものをすべて選びなさい。 【正解率65%】

1 労働協約も就業規則も、労働組合の同意を必要とする。
2 労働協約も就業規則も、労働条件を不利益に変更できる。
3 労働協約も就業規則も、労基法に違反しえない。
4 労働協約も就業規則も、労働契約より優先する。

Q69 一時金について、就業規則では3か月分と定められているところ、労働協約で、継続的な昇給を条件として、一時金は2.5か月分で妥結しました。この場合に支払われる一時金の額を、ひとつ選びなさい。 【正解率50%】

1 組合員・非組合員を問わず3か月分
2 組合員には2.5か月分、非組合員には3か月分
3 組合員には3か月分、非組合員には2.5か月分
4 組合員・非組合員を問わず2.5か月分

A68　正解は2、3

　労働協約は使用者と労働組合との合意により成立します。就業規則は労働者の過半数代表者の意見は聴きますが使用者が一方的に定めることができます。したがって、就業規則では労働組合の同意は必要とされません。労働契約との関連については、労働協約は有利・不利を問わずそれに優先しますが、労働契約が有利な部分については労働契約が就業規則に優先します。また、労基法は強行規定なので労働協約も就業規則もそれに違反できません。なお、労働協約も就業規則も労働条件を不利益に変更できます。

A69　正解は2

　労働条件を集団的に決定するものとして、労働協約と就業規則があります。両者が異なった定めをした場合にどちらが優先するかが問題になります。まず、「原則として」就業規則が職場の最低基準なので就業規則の規定が適用されます（労契法12条）。もっとも、協約が労働者に有利な定めをした場合だけではなく、不利な定めをした場合にも、組合員については例外的に協約が優先適用されます（同法13条）。他方、非組合員には協約の適用がないので、本問の場合、一時金の額は組合員には2.5か月分、非組合員には3か月分になります。非組合員に比べて組合員のほうが不利な取扱いですが、組合の自主選択の結果なので、不当労働行為（労組法7条）とはみなされません。

7 社会保障・社会保険

Q70 社会保険の適用について、誤っているものをひとつ選びなさい。　【正解率69%】

1　日本国内に住所を有する35歳以上の者は、すべて介護保険の被保険者となる。

2　厚生年金保険の被保険者には70歳未満という年齢制限がある。

3　学生アルバイトであっても労災保険の適用を受ける。

4　季節的業務に従事する労働者は、健康保険の被保険者とはならない。

Q71 社会保険における事業主の義務について、誤っているものをひとつ選びなさい。　【正解率83%】

1　事業主は、健康保険・厚生年金保険の保険料について、負担義務のほか納付義務を負う。

2　事業主は、雇用保険について、事業の種類を政府に届け出なければならない。

3　個人事業主は、労働者災害補償保険に加入することができない。

4　事業主は、被保険者資格の得喪について、保険者に届け出なければならない。

中

A70　正解は1

　介護保険の1号被保険者は、市町村の区域内に住所を有する40歳以上65歳未満の医療保険の加入者であり、2号被保険者は市町村の区域内に居住する65歳以上の者（介保法9条）ですので、1は誤りです。厚年法の被保険者は適用事業所に使用される70歳未満の者（厚年法9条）ですので、2は正しいです。労災保険は、労働者の業務上の負傷等に対して必要な保険給付を行うとされており、ここにいう労働者には学生アルバイトも含まれるので、3は正しいです。季節的業務に使用される者は健康保険の被保険者となることはできませんので（健保法3条1項3号）、4も正しいです。

A71　正解は3

　事業主は、健康保険・厚生年金保険の保険料について、負担義務のほか納付義務を負いますので（健保法161条、厚年法82条）、1は正しく、また、事業主は、労災保険、雇用保険に関連して、保険関係が成立した事業の種類等について、政府に届け出なければなりませんので（労保徴法4条の2）、2も正しいです。また、その使用する被保険者の資格の変更についても、事業主は保険者に届け出る義務を負いますので（健保法48条、厚年法27条、雇保法7条）、4も正しいです。

　労災保険制度には、一人親方や農業従事者などであっても労働災害や通勤災害に関する給付を受けることのできる特別加入制度が定められていますので（労災法33条以下）、3は誤りです。

Q72 労災保険の給付について、正しいものをひとつ選びなさい。 【正解率72%】

1 業務災害か否かによって、診療に関する給付内容に違いは存在しない。

2 業務災害か否かによって、所得保障に関する給付内容に違いは存在しない。

3 正社員か非正社員かによって、業務災害にあたるか否かの判断が異なる。

4 業務災害か否かによって、労基法上の解雇規制に違いが生じる。

Q73 事例を読んで、医療保険・労災保険に関する説明として正しいものをひとつ選びなさい。 【正解率62%】

事例：会社員のXさんは、うつ病により会社を休職し、健康保険の傷病手当金を受給しています。Xさんは、うつ病の原因が職場環境にあると考え、労災法による業務災害の認定を請求するとともに、治療に専念するため会社を退職することを予定しています。

1 傷病手当金の支給額は、休業前6か月間に支払われた平均賃金の80パーセントである。

2 健康保険の被保険者となって1年を経過していない場合、傷病手当金は支給されない。

3 労災保険の休業補償給付が支給されると、健康保険による傷病手当金は減額される。

4 休業補償給付の支給額は、1日につき給付基礎日額の60パーセントに相当する額である。

A72　正解は4

　業務災害か否かによって、適用される法令が異なり、それに応じて保障や給付の内容が大きく変わります。

　業務災害に関する解雇については、労基法19条の適用を受けます。また、業務災害であれば、労災法に基づき、療養補償給付、休業補償給付が支給されます。療養補償給付の場合、一部負担金を負担する必要はありませんし、休業補償給付は給付基礎日額の6割が支給されるほか、特別支給金として給付基礎日額の2割相当額が支給され、結果的に被災する前の賃金の8割が保障されることになります。業務災害ではなく、私傷病の場合には、健保法や厚年法が適用されることになります。

A73　正解は4

　傷病手当金は、健康保険における被保険者が、業務外の事由により、療養のために就労不能となった場合に、4日目から労務に服することができない期間（最長1年6か月間）、標準報酬日額の3分の2に相当する金額が支給されます。被保険者であればよく、被保険者であった期間に関する条件は特にありません。

　これに対して、業務災害の場合に支給される休業補償給付は給付基礎日額の6割に相当する額が支給されます。ただし、これに加えて、給付基礎日額の2割に相当する休業特別給付金が支給され、これを合わせると、給付基礎日額の8割相当額が支給されます。

Q74 社会保険の保険料について、誤っているものをひとつ選びなさい。 【正解率95%】

1 健康保険・厚生年金保険の保険料は、被保険者（労働者）の報酬に比例する。

2 健康保険・厚生年金保険の保険料は、被保険者（労働者）も負担する。

3 保険料の額は、事業主と被保険者（労働者）との合意によって変更することができる。

4 労災保険の保険料は、事業主が全額負担する。

Q75 事例を読んで、Y会社のXに対する次の法的説明のうち、誤っているものをひとつ選びなさい。 【正解率78%】

事例：Y会社の就業規則では、正社員は60歳で定年退職となり、それ以降は嘱託社員として、65歳まで１年間の有期雇用契約を更新することができると定められています。正社員Xは、平成29年６月に60歳を迎えますが、その後も嘱託社員として働くことを希望しています。

1 「定年制には、定年に達したときに当然に労働契約が終了する定年退職制度と、定年に達したときに解雇の意思表示をして労働契約を終了させる定年解雇制度があります。」

2 「65歳未満の定年を定めている使用者は、定年の引上げ、継続雇用制度、定年制の廃止のいずれかの雇用継続確保措置を講じなければならないのですが、当社は継続雇用制度を設けています。」

3 「当社は、就業規則で継続雇用の対象者の選定基準を定めてこれを周知しています。当社は、その基準によって継続雇用をする者を選定することができますので、Xさんが必ず嘱託社員として採用されるわけではありません。」

4 「仮に当社がXさんを継続雇用し、定年前と比較して賃金が大幅に減額となった場合には、高年齢雇用継続基本給付金が支給されることがあります。」

A74　正解は3

　健康保険・厚生年金保険の保険料は、被保険者である労働者の報酬（賃金）に一定の保険料率を乗じて算定し、それを労使で折半し、事業主が納付するものとされています。保険料の額を事業主と被保険者の合意によって変更することはできません。これに対して、労災保険の保険料は、災害補償責任を負う事業主のみが負担するものとされています。

A75　正解は3

　定年制には、定年年齢に達したときに、使用者からの特別な意思表示なく自動的に労働契約が終了する定年退職と、使用者が解雇の意思表示を行うことで労働契約が終了する定年解雇制度の2種類がありますので、1は正しいです。なお、後者はあくまで解雇であり、解雇制限や解雇予告などの規制が及ぶことに注意が必要です。

　高年齢者雇用安定法9条1項は、65歳未満の定年を定めている事業主に対し、①定年の引上げ、②継続雇用制度の導入、③定年制の廃止のいずれの雇用確保措置を講じなければならない旨定めていますので、2は正しいです。このうち②の継続雇用制度については、2013年改正前は、労使協定により対象者の基準を定めることも可能でしたが、現在は、希望者全員を対象とする制度でなければなりませんので、3が誤りとなります。

　定年後の再雇用時には、所定労働時間や賃金などの労働条件が変更されるのが一般的です。再雇用時の賃金が従前の75％未満に減額されるなど一定の要件を満たすときには、国の雇用保険制度から「高年齢者雇用継続基本給付金」が支給されますので、4は正しいです。

8 総合問題

◆労働法総論

事例を読んで、Q76〜Q78に答えなさい。

事例：Xほか10名の従業員は、Y社に正社員として採用されています。

最近、業績悪化が著しいY社の社長Zは、思案の末、朝礼の席上で、営業成績不良等を理由に、Xほか10名の基本給（30万円）の3分の1（10万円）を減額すると通告しました。

これに対してXらは、明確に異議を述べず「はい、わかりました」と口頭で答えて、その場をやり過ごしましたが、翌日、やはり納得がいかないと思い直し、みんなで基本給を30万円に戻すようY社に求めたいと考えています。

Q76 Xらの賃金が就業規則（賃金規程）で定められている場合、労契法10条に定める就業規則の不利益変更により賃金が減額される場合もありえますが、その要件を充足するかどうかを考える上で最も関係の薄い事実をひとつ選びなさい。 【正解率87%】

1 会社が変更の必要性を裏付ける資料を作成し、労働者に資料を配布して説明したこと。

2 労働者の賃金を減額する前に代表取締役その他の役員の報酬を減額したこと。

3 遊休資産を売却したこと。

4 Y社の賃金が他社の賃金よりも高いこと。

A76　正解は4

　労契法10条は、労働者の受ける不利益の程度、労働条件の変更の必要性、変更後の就業規則の内容の相当性、労働組合等との交渉の状況その他の就業規則の変更に係る事情から、就業規則の不利益変更が合理的かどうかを判断すると定めています。

　本問では、1は「労働組合等との交渉の状況」、2、3は「労働条件の変更の必要性」に関するものです。他方で、4は一応「その他の就業規則の変更に係る事情」といえますが、他社の賃金が高いからといってY社の賃金を下げることにはなりませんので、最も関係の薄い事実にあたるといえます。

Q77 Xらの賃金が年俸制（賃金の全部または相当部分を労働者の業績等に関する目標の達成度を評価して年単位に設定する制度）だった場合について、正しいものをすべて選びなさい。　【正解率40%】

1　当初期待された業績をあげていない場合でも、途中で年俸を引き下げる旨を労使で合意していない限り、年俸を労働者の同意なく引き下げることはできない。

2　年俸の減額規定をあらかじめ設けていた場合には、会社はその規定に基づいて自由に年俸を減額することが可能であり、労働者がこれに異議を申し出ることはできない。

3　年俸制の労働者の場合、契約段階で期待されている業績や役割がはっきりしていることが多いので、目標を達成できない場合には当然に労働契約は終了するという定めを設けることも有効である。

4　正社員であるXらの次年度の年俸額について労使協議が整わない場合、使用者が労働者の同意を得ずに賃金額を決定することは許されないので、賃金額という労働契約の中核的要素が決まらない状態となり、労働契約は終了することになる。

中

A77　正解は1

　労契法は、労働契約の変更は合意によるべきとしています（8条、9条）。したがって、年俸を労働者の同意なく引き下げることはできません。

　また、就業規則等に賃金減額条項がある場合でも、賃金が、労働者にとって最も重要な権利ないし労働条件のひとつであることからすれば、その変更には労働者側に生じる不利益を正当化するだけの合理的な事情が必要であると考えられます。

　そして、労働契約の終了には解雇権濫用法理（労契法16条）の規制が及びますし、正社員の場合、次年度の年俸額についての協議が整わなかったとしても、従前の賃金額あるいは少なくとも使用者の提示した年俸額で暫定的に賃金額は確定できますので、労働契約が終了することになりません。

Q78 この事例に関する学生の会話を読んで、学生Aから学生Dまでの発言のうち明らかに法的に間違った内容を含んでいるものをひとつ選びなさい。【正解率51%】

学生A 賃金のように労働者にとって重要な労働条件を引き下げる場合は、口頭で労働者から承諾を取り付けるべきではないよ。判例でも、口頭で賃金減額に同意した場合には、労働者が確定的に承諾していないとして賃金減額の効力を無効としているものがあるよ。

学生B ただ、Xらは、明確に「はい、わかりました」と述べているから、承諾していないといえるのかな。もっとも、たとえばY社のZ社長がXらを呼んで、「賃金減額を承諾しないと解雇するぞ」と脅しているような場合には、強迫によって承諾させられたということで承諾の意思表示を取り消すことができるんじゃないかな。

学生C いろいろ議論はあるかもしれないけれど、まずは、Y社の就業規則や賃金規程の内容を調べてみる必要があると思うよ。たとえば、XらがY社に入社して勤続5年目であった場合、賃金規程上、勤続年数5年目の従業員の基本給は30万円と規定されているのであれば、仮に基本給を20万円とする賃金減額提案に対して承諾してしまったとしても、その効力は就業規則の基準を下回る合意として無効になるはずだよ。

学生D 就業規則を下回る合意でも、労働者本人がそれでよいといっている場合にまで合意が無効になるというのは行きすぎだよ。労契法8条が規定するように、労働条件は合意によって変更できるというのが大原則だから、もし賃金規程に基本給30万円と定めてあっても、Xらが真意で同意しているのであれば、賃金は20万円になるはずだよ。問題なのは、今回、Xらが真意で同意しているかどうかという点だよ。

1　学生A　　2　学生B　　3　学生C　　4　学生D

A78　正解は4

　就業規則が定める労働条件は、法令または労働協約に反しないかぎり、その事業場の最低基準となります（最低基準効、労契法12条）。これは、使用者と労働者との間で個別に合意をしていても変わりはありません。このため、学生Dの、労契法8条によって賃金が20万円になるはずだ、という発言の部分は明らかに誤りといえます。

　学生A、Bは、個別の合意により労働条件が不利益に変更される場合の考え方を、学生Cの発言は、就業規則の最低基準効を、それぞれ正しく説明しています。

◆賃金と労働時間

事例を読んで、次のQ79、Q80に答えなさい。

事例：Xさんが勤務するY会社では、固定残業代（時間単価の125%）として、現実に稼働したかどうかにかかわりなく、一律に月30時間分の残業代を支払うことにしています。なお、Y会社では従業員の労働時間はタイムカードで管理しています。

　Xさんがタイムカードの記録をもとに労働時間を算定してみたところ、過去1年間で残業時間が30時間を超えている月が8か月間ありましたが、30時間を下回る月も4か月間ありました。

Q79 固定残業代制についての学生の発言で、誤っているものの組み合わせをひとつ選びなさい。　【正解率85%】

学生A　固定残業代制は、労基法が予定している割増賃金の支払方法とは違う支払いかただから、注意が必要だよ。固定残業代制が有効となるためには、所定労働に対する賃金と時間外労働等の対価が明確に区分されている必要があるよね。

学生B　そうだね。固定残業代制は労働時間にとらわれず自由に働きたい労働者にとってはメリットもあるよ。だから、時間外込みで月40万、みたいな定めかたも許されるよ。

学生C　時間外手当は残業の時間数に応じて支払うのが当然だから、固定残業代の30時間分以上働いた月は、その超えた部分を支払う必要があると思うよ。

学生D　ちょっと待って。事例だと、過去1年間で残業時間が30時間を超えた月は8か月あったけど、反対に30時間を下回る月が4か月あったわけだよね。だから、30時間を超えた月の超過労働時間数と30時間を下回った月の不足労働時間数を差し引きして、精算すべき時間数を算出する必要があるよ。

1　学生A・学生B　　2　学生B・学生C　　3　学生B・学生D　　4　学生C・学生D

A79　正解は3

　残業代を基本給に含めて支払うことについて最高裁は、時間外・深夜を含めた賃金（定額給制）が有効であるといえるためには、所定労働に対する賃金と時間外労働等の対価が明確に区分されている必要があるとしています（これを「明確区分性の要件」といいます。テックジャパン事件・最一小判平24.3.8等）。したがって、学生Bのいうような時間外込みで月40万円という定めかたは違法となります。さらに、労基法24条は賃金全額払いの原則を定めており、当月の賃金支払期間に労働した対価は時間外手当も含めて当月に全額支払う必要がありますので、学生Dのように一定期間を通算して過不足がないようであれば精算不要という考えかたは違法です。

Q80 労働時間の管理及び認定についての学生の発言で、誤っているものの組み合わせをひとつ選びなさい。

【正解率74%】

学生A 労働時間の把握手段としては、自己申告制という方法も考えられるよね。ただ、その場合、労働者が実際に働いた時間をそのまま申告すると上司からにらまれるんじゃないかという心配があるだろうから、適正な申告がされるように配慮すべきだよね。

学生B いや、労基法の明文の規定では、労働者の労働時間はタイムカードやICカードのような客観的資料で把握・管理することが使用者に義務付けられているよ。

学生C 時間外割増賃金請求の裁判では労働時間の認定が問題となるよね。タイムカードは客観的な資料だから、実態の労働時間を反映していなかったとしても、タイムカードの内容で労働時間が推定されるよ。

学生D 裁判例には、使用者が労働者にタイムカードの開示を求められた場合には、信義則上、特段の事情がない限り開示すべき義務を負うとしたものがあるよ。

1 学生A・学生C　　2 学生B・学生C
3 学生B・学生D　　4 学生C・学生D

A80　正解は2

　労働時間の適正把握管理は、労基法ではなく安衛法上の義務です。また、安衛法施行規則および通達「労働時間の適正な把握のために使用者が講ずべき措置に関するガイドライン」（平成29.1.20基発0120第3号）では、タイムカード、パソコンの使用時間等の客観的な方法による把握を求めていますが、客観的な方法による把握が困難な場合の自己申告制を否定するものではありません。いずれにせよ、学生Bの発言は誤りです。

　また、裁判においてタイムカードは労働時間を推認する重要な証拠と考えられていますが、タイムカードの記録に労働時間のみなし効果（反証を許さない擬制効果）が認められているわけではありませんので、実態を反映していない場合には使用者が実態に応じた労働時間の反証をすることで、労働時間が認定されることになります。したがって、学生Cの発言は誤りです。

◆雇用の終了

事例を読んで、次のQ81、Q82に答えなさい。

事例：Y社のXは、A社長と折り合いが悪く、出勤をしても上司にあいさつをしません。A社長は、あいさつをしないことを特に注意はしていなかったのですが、内心生意気だと思っていたことから、協調性がないことを理由として、解雇をしようと思っています。

Q81 A社長は総務部長Bに、Xを解雇することを相談しました。この際のB部長の次の発言のうち、法的に最も誤った内容を含んでいるものをひとつ選びなさい。

【正解率67%】

発言⑦ 就業規則に、「協調性がないこと」を解雇事由とすると記載があっても、協調性がないことが著しいだけでなく、改善の機会が与えられている場合に、はじめて解雇の合理的な理由があるとされますから、Xを解雇しても無効とされますよ。

発言⑦ 解雇をした後に裁判になって、当社が負けた場合のリスクを考えます。仮に、解雇から当社が敗訴した判決が確定するまで1年間かかったとすると、基本的には、1年分の給与を支払わなくてはなりません。これは大きな負担となります。

発言⑦ もちろん、解雇の無効が確定するまでの間、Xが当社以外で働いていた場合には、給与の二重取りは禁止されますので、当社が支払うべき給与から、Xが他から得た収入の全額を控除して支払えばいいことになります。

発言⑦ それでも社長が解雇をするのであれば、30日前に予告をするか、解雇予告手当を支払いましょう。「労働者の責に帰すべき事由」について労働基準監督署長の認定を受ければ、予告や解雇予告手当の支払いは不要とされるのですが、今回はそのような認定はされないと思います。

1 発言⑦ 2 発言⑦ 3 発言⑦ 4 発言⑦

A81　正解は3

　発言㋐、㋑、㋓はいずれも正しいといえます。

　発言㋒は、解雇が無効である場合の処理に関する判例の理解を確認する選択肢です。判例は、①労働者が解雇期間中に他の職に就いて利益を得たときは、特段の事情がないかぎりは、その利益の額を賃金額から控除することができる、②当該賃金額のうち平均賃金の6割に達するまでの部分については利益控除ができない、③平均賃金の6割を超える賃金部分については中間収入を直接控除することができる、としています。

　このため、発言㋒では、「Xが他から得た収入の全額を控除して支払えばいい」との部分は、平均賃金の6割を超えるかどうか（②の部分）を意識しておらず、誤りといえます。

Q82 A社長は、Xの解雇をしないこととしましたが、今後の処遇についてB部長に4つの提案をしました。これらの提案に対するB部長の次の発言のうち、法的に最も誤った内容を含んでいるものをひとつ選びなさい。

【正解率75%】

A社長 とりあえず、Xには厳重注意をしなきゃならんな。

B部長㋐ 社長は熱くなると、「だからお前はダメなんだ」、「根性がない」と言ってしまいますよね。パワハラにならないように気をつけてくださいよ。もっとも、個人の受けとめかたによっては不満に感じる注意であっても、業務の適正な範囲内ならパワハラには該当しないようですね。

A社長 Xを配転するのはどうだろう。

B部長㋑ 当社はXを職種、勤務場所を決めて採用していますので、まずXの同意が得られるよう、説得しなければなりませんね。同意が得られない場合でも、就業規則に配転を命ずることができる定めがありますから、配転命令を出して職種と勤務場所を変えることになります。

A社長 じゃあ、懲戒処分はどうだ。

B部長㋒ 懲戒処分をするには就業規則に規定がなければなりませんが、当社の就業規則には、けん責・戒告、減給、出勤停止、懲戒解雇ができるという定めがありますね。しかし、あいさつをしないことだけを理由として懲戒というのは行き過ぎだと思います。

A社長 肩たたきして、Xのほうから辞めてもらえたらなあ。

B部長㋓ 退職勧奨ですか。「退職勧奨」とは、労働契約の合意解約に向けて誘引すること、といわれていますね。Xを懲戒処分や解雇しても無効だと思いますので、合意しないと懲戒解雇にするとか、退職金を支払わない等と言って勧奨すると、Xが退職に同意しても、後日無効とされますので、気をつけてくださいよ。

1 発言㋐　　2 発言㋑　　3 発言㋒　　4 発言㋓

A82　正解は2

　発言㋐について、厚生労働省は、パワー・ハラスメントを「業務の適正な範囲を超えて、精神的・身体的苦痛を与える又は職場環境を悪化させる行為」と定義しています。

　発言㋑について、労働契約において職種や勤務地を限定する合意がある場合には、配転命令権は合意の範囲内に限定されることになります。他の職種に配転するためには本人の同意が必要であり、同意がなければ命令をすることができませんので、誤りといえます。

　発言㋒について、あいさつをしないことのみをもって、企業秩序違反にあたる行為ということはできません。

　発言㋓について、退職勧奨の際に使用者にだまされたり、錯誤に陥っていたりする場合には、錯誤無効等の主張が可能です。

事例を読んで、次のQ83、Q84に答えなさい。

事例：Y会社の大阪支店には、正社員6名と契約社員A・Bのあわせて8名が所属しており、就業規則はありません。A・Bは、時給制でフルタイム勤務をしており、労働契約は1年ごとに更新されていました。しかし、Aの勤務年数が通算4年に達したとき、Y社は、能力不足を理由としてAを雇止めしました。そのため、AとBはX労働組合を結成して、Y社と団体交渉を始めました。

Q83 団体交渉におけるX組合側のAの雇止めに関する主張について、法的に誤っているものをすべて選びなさい。

【正解率29%】

1　雇止めの理由は、退職してから14日以内に書面で示さなければならない。

2　契約更新の有無と、更新する場合の判断基準は、書面で明示しなければならない。

3　契約社員の雇止めにあたっては、正社員の解雇事由と同程度の合理的理由がなければならない。

4　更新に合理的期待がある場合には、期間満了のみを理由として雇止めはできない。

中

Q84 団体交渉におけるY会社側の契約社員の労働条件に関する主張について、法的に誤っているものをすべて選びなさい。

【正解率33%】

1　契約社員を社会保険に加入させる義務はない。

2　正社員に通勤手当を支給していても、契約社員には支給しなくてよい。

3　無期転換をした場合であっても、正社員と同様の給与を支払わなくてよい。

4　正社員と同様の年次有給休暇を、契約社員に付与する義務はない。

Q&A 総合問題

A83　正解は1、3

　労基法22条1項は、労働者が退職し、退職の事由等について証明書を請求した場合、使用者は遅滞なくこれを交付しなければならないとしていますので、1は誤りです。有期雇用である場合、使用者は、期間の定めのある労働契約を更新する場合の基準に関する事項を書面で明示しなければなりません（労基法15条1項、労基法施行規則5条1項1号の2）ので、2は正しいです。雇止めに解雇権濫用法理の類推適用が認められた場合は、期間満了のみを理由として雇止めをすることはできません。しかし、有期契約労働者の雇用継続に対する期待は正社員の長期雇用に対する期待とは相違するため、解雇ほど厳格には判断されません。3は誤り、4は正しいです。

A84　正解は1、2、4

　契約社員などのいわゆる非正社員については、いわゆる「4分の3要件」等の一定の要件を満たす場合には、健康保険、厚生年金保険の被保険者に加入させなければなりませんので、1は誤りです。有期契約と無期契約の労働者の労働条件には、業務の内容等の事情を考慮して不合理な差を設けることが禁止されます（パート有期法8条〈旧労契法20条〉）。通勤手当、食堂の利用、安全の管理で差を設けることは、特段の理由がない限り許されませんので、2は誤りです。無期転換をした場合の労働条件は、別段の定めがない限りは、契約期間を除き従前と同一ですので、直ちに正社員同様の労働条件になるわけではありません。よって、3は正しいです。年次有給休暇は、労働者の種別にかかわらず労基法により保障されています。Y会社の契約社員は週所定労働時間が30時間以上ですので、正社員と同様に年休が付与されなければなりません。よって、4は誤りです。

◆労働組合法

事例を読んで、この過程で発生した次のQ85～Q87の問題に答えなさい。

事例：Y会社では就業規則で賃金を引き下げるといううわさが出たため、従業員の中で組合結成の動きが出てきました。その中心となったのはCとDであり、同僚に対し働きかけてX組合を結成し、Dが委員長になり就業規則の変更に関する団体交渉を要求しました。

Q85 組合結成準備中になされた使用者の次の行為のうち、不当労働行為とみなされるものをすべて選びなさい。

【正解率62%】

中

1　組合結成の動きがあるか否かの調査をする。

2　組合結成の動きがあると知らず、Cに対し転勤を命じる。

3　組合結成の動きがあると知って、Dに対し出向を命じる。

4　組合結成の動きがあると知って、労働者に対し労働条件の問題点を聞く。

Q86 組合の結成について、誤っているものをすべて選びなさい。

【正解率53%】

1　組合の結成は労働基準監督署に届け出なければならない。

2　組合の結成は労働委員会に届け出なければならない。

3　組合の結成には使用者の承認が必要である。

4　組合の結成には過半数の従業員の参加が必要である。

A85　正解は1、3

　組合結成過程では多様な不当労働行為がなされます。組合結成の調査は結成活動を阻害するので支配介入とされます。また、その過程でなされた結成の中心となった者に対する配転や出向も不当労働行為（不利益取扱い・支配介入）になります。もっとも、そのような動きを使用者が知っていたことが要件となります。他方、何らかの問題があるのかもしれないと思って労働者に労働条件の問題点を聞くこと自体は不当労働行為とはみなされません。ただ、その過程で組合結成調査や組合対策的な発言がなされると不当労働行為とされます。

A86　正解は1〜4すべて

　労働組合の結成については特別の手続や承認は必要とされません。労基署や労働委員会への届け出も必要とされません。また、使用者の承認も必要とされず、労働者2人以上の参加があれば認められます。以上のように簡単に組合が結成できるので企業内に容易に複数組合併存状態が生じます。

Q87 就業規則の変更を交渉事項とする団交について、正しいものをひとつ選びなさい。 【正解率70%】

1　職場の従業員の過半数を組織した組合だけが団交権を有する。

2　就業規則は使用者が過半数代表者（組合）の意見を聞いて変更するものなので、団交義務はない。

3　就業規則の変更は労働条件に関連するので、義務的団交事項に該当する。

4　就業規則は非組合員の労働条件をも定めているものなので、義務的団交事項にならない。

事例を読んで、Q88 ～ Q90に答えなさい。

事例：従業員100名のA会社には、60名を組織するX組合と20名を組織するY組合が併存しており、20名はいずれの組合にも加入していません。

Q88 A会社とX組合との間でユニオン・ショップ協定を締結した場合、A会社の行った次の解雇のうち、有効と、みなされるものをすべて選びなさい。 【正解率35%】

1　X組合を脱退しY組合に加入したCに対する解雇。

2　Y組合に加入しているDに対する解雇。

3　いずれの組合にも加入していないEに対する解雇。

4　外部の合同労組に加入したFに対する解雇。

A87　正解3

　就業規則は労働条件について定めているので、たとえ非組合員にも適用されるものであっても、その改正は義務的団交事項になります。また、労基法は就業規則の作成・変更につき過半数組合からの意見聴取を義務づけていますが、団交義務は労組法に基づくものなので、少数組合であっても団交義務は認められます。

A88　正解は3

　従業員は組合選択の自由があり、各組合の団結は平等と解されているので（三井倉庫港運事件・最一小判平1.12.14）、1、2、4は無効とされます。
　もっとも、いずれの組合にも加入していない場合には原則どおり解雇は有効とされます。

Q89 X組合の組合員であるGが勤務成績不良で解雇されたので、解雇撤回を目的としてX組合とA会社との間で団交がなされた。X組合の団交の仕方に不満だったGは、その後X組合を脱退してY組合に加入し、Y組合からGの解雇問題について団交要求がなされた。この過程で発生する法的問題の説明について、誤っているものをすべて選びなさい。【正解率60%】

1 Gの解雇問題は個別の人事に関するので、義務的交渉事項に該当しない。
2 解雇基準は義務的交渉事項に該当する。
3 Gの解雇問題はY組合加入前のできごとなので、義務的交渉事項に該当しない。
4 A会社は、Gの解雇問題についてすでにX組合と団交しているので、改めてY組合と団交する義務はない。

Q90 A会社とX組合間で賃金問題につき団交がなされ、X組合員の一部は反対したものの多数の賛成により賃下げの協約が締結された。この賃下げ協約の適用対象者をすべて選びなさい。【正解率52%】

1 協約締結に賛成したX組合員。
2 協約締結に反対したX組合員。
3 Y組合員。
4 非組合員。

A89　正解は1、3、4

　個別人事基準だけではなくその適用についても義務的交渉事項にあたることは判例法理として確立しています。2は正しく、1は間違いです。

　別組合加入にともなう団交義務のあり方は難問ですが、加入前のできごとであっても、また、以前に別の組合と一定の団交がなされていたとしても、当該組合との団交を拒否することは許されません。

A90　正解は1、2

　協約の適用対象は原則組合員だけなので、3、4は対象者になりません。ここでは事業所単位の一般的拘束力制度（労組法17条）も問題になりません。

　協約締結組合の組合員については、協約案に賛成したか反対したかを問わず適用されます。

事例を読んで、次のQ91〜Q93に答えなさい。

事例：従業員100名のＡ会社には、60名を組織するＸ組合と20名を組織するＹ組合が併存していました。残りの20名はいずれの組合にも加入していません。賃上げ交渉の際に、Ａ会社は「生産性の向上に協力すること」を条件として１万円の賃上げを提案し、「生産性の向上に協力すること」とは「一生懸命働くこと」とだけ説明しました。Ｘ組合はその提案に賛成し、Ｙ組合は反対したので、各組合員間に１万円の賃金差別状態が発生しました。

Q91 賃金差別状態が不当労働行為とみなされるか否かの説明として、正しいものをひとつ選びなさい。【正解率41%】

1　各組合の自主選択の結果なので、不当労働行為とはみなされない。
2　「生産性の向上に協力すること」について適切な説明がなされているので、不当労働行為とはみなされない。
3　「生産性の向上に協力すること」について適切な説明がなされていないので、不当労働行為とみなされる。
4　どのような事情があるにせよ賃金差別状態があるので、不当労働行為とみなされる。

Q92 その後、就業規則も変更され、１万円の賃上げにつき規定が整備された場合に、Ｙ組合の組合員がなした１万円の賃上げ分の請求が認められるかの説明として、正しいものをひとつ選びなさい。【正解率84%】

1　Ｙ組合が反対していたので、請求は認められない。
2　就業規則は全従業員に適用があるので、請求が認められる。
3　Ｙ組合が会社提案に賛成したら、請求が認められる。
4　Ｙ組合を脱退した従業員については、請求が認められる。

A91　正解は3

　本事例は、日本メール・オーダー事件最高裁判決（最三小判昭59.5.29）をモデルにしています。労組法は、すべての併存組合に独自の団交権を保障しており、使用者はそれぞれの組合と誠実に団交する義務があります。その結果として組合（員）間に労働条件の差別状態が発生しても不当労働行為とはみなされません。本件において「生産性向上に協力すること」の趣旨を「一生懸命に働くこと」とだけしか説明していないので、賃金差別を合理化する適切な説明とはみなされず、賃金差別は不当労働行為といえます。

A92　正解は2

　労働協約は原則的に組合員についてだけ適用がありますが（労組法16条）、実務上協約内容を就業規則でも規定することによって全従業員に同一の労働条件を適用することがなされています。

　併存組合下で当該条項に反対していた組合員についてはどうでしょうか。協約法理としては同一の労働条件を主張できませんが、就業規則は全従業員に適用があるので1万円の賃上げ分の請求はできます。

Q93 A会社は、過半数を組織するX組合とチェックオフ（組合費控除）協定を締結し、チェックオフを実施したので、Y組合もチェックオフの実施を要求してきました。しかし、A会社は、労基法24条により賃金控除は過半数組合（代表）との協定が必要であるとして、少数組合であるY組合の要求を拒否しました。A会社がY組合に対してチェックオフを実施しない行為が不当労働行為とみなされるかの説明として、正しいものをひとつ選びなさい。 〔正解率46%〕

1　チェックオフ協定は多数組合でなければ締結できないので、不当労働行為とはみなされない。

2　チェックオフについては労基法24条の適用がないので、不当労働行為とみなされる。

3　Y組合とはチェックオフ協定自体の締結がないので、不当労働行為とはみなされない。

4　過半数組合との協定は労基法24条の協定ともみなされるので、不当労働行為とみなされる。

中

A93　正解は4

　チェックオフについて労基法24条の適用があるかは論点となっていますが、最高裁（済生会中央病院事件・最二小判平1.12.11）は適用を認めています。他方、便宜供与について組合間差別を禁止しているので、少数組合に対するチェックオフ不実施は問題になるでしょう。この場合でも労基法24条の協定は必要とされますが、多数組合のチェックオフ協定は、「労働協約」と「過半数代表協定」の2つの性格があると解されるので、当該職場では労基法24条の協定が存在するとみなされます。したがって、チェックオフの不実施は不当労働行為とされます。

編著者紹介

一般社団法人日本ワークルール検定協会
〒101-0062
東京都千代田区神田駿河台 3-2-11
電話　　　03-3254-0545
メール　　jimukyoku@workrule-kentei.jp
ホームページ　http:// workrule-kentei.jp/

道幸哲也（どうこう・てつなり）：北海道大学名誉教授。日本ワークルール検定協会会長。

加藤智章（かとう・ともゆき）：北海道大学特任教授。

開本英幸（ひらきもと・ひでゆき）：弁護士。

淺野高宏（あさの・たかひろ）：弁護士・北海学園大学教授。

國武英生（くにたけ・ひでお）：小樽商科大学教授。北海道労働委員会委員。

平賀律男（ひらが・りつお）：開本法律事務所・パラリーガル。

上田絵理（うえだ・えり）：弁護士。

ワークルール検定−問題集2021年版

2021年4月10日　初版第1刷発行

編者　　一般社団法人日本ワークルール検定協会
著者　　道幸哲也・加藤智章・開本英幸・
　　　　淺野高宏・國武英生・平賀律男・上田絵理
装幀　　坂野公一（welle design）
発行者　木内洋育
発行所　株式会社 旬報社
　　　　〒162-0041 東京都新宿区早稲田鶴巻町544
　　　　TEL 03-5579-8973 FAX 03-5579-8975
　　　　ホームページ http://www.junposha.com/
印刷製本　株式会社マチダ印刷